PONS

# Schüler-Verbtabellen
# **LATEIN**

von
Rainer Hahn
Maria Anna Söllner



**PONS GmbH**
Stuttgart

**PONS**

# Schüler-Verbtabellen LATEIN

von
Rainer Hahn
Maria Anna Söllner

Dieser Titel basiert in Teilen auf 978-3-12-561534-2, 978-3-12-561739-1, 978-3-12-927232-9

Auflage A1 4 3 2 1 / 2016 2015 2014 2013


**PONS Produktinfos und Shop: www.pons.de**
**PONS Online-Wörterbuch: www.pons.eu**
**E-Mail: info@pons.de**


**Redaktion:** Canan Eulenberger-Özdamar
**Logoentwurf:** Erwin Poell, Heidelberg
**Logoüberarbeitung:** Sabine Redlin, Ludwigsburg
**Titelfoto:** Vlado Golub, Stuttgart
**Einbandgestaltung:** Tanja Haller, Petra Schnur, Stuttgart
**Entwurf Button Online-Übungen:** grundmanngestaltung, Karlsruhe
**Layout/Satz:** Satzkasten, Stuttgart
**Druck und Bindung:** Print Consult GmbH, München

Printed in EU.
**ISBN: 978-3-12-561628-8**

# Inhalt

# Inhalt

# So benutzt Du dieses Buch

Du willst schnell eine bestimmte Zeitform nachschlagen, einfach nur einige Verben wiederholen und üben oder Du bist Dir vielleicht bei einem besonders kniffligen Verb unsicher, wie die korrekte Zeitform lautet?

Mit den PONS Schüler-Verbtabellen Latein geht das alles ganz einfach:

- Ab **S. 24** findest Du übersichtliche **Konjugationstabellen** von regelmäßigen und unregelmäßigen lateinischen Verben in allen Konjugationsklassen.
  Die Abfolge der Tabellen der regelmäßigen Verben in den jeweiligen Konjugationsklassen ist immer die gleiche: zuerst Gegenüberstellung der Aktiv- und der Passivformen des Präsensstamms, dann der Formen, die vom Perfekt- bzw. vom Partizipialstamm abhängen, schließlich der Präsens- und der Perfektformen eines zu dieser Konjugationsklasse gehörenden Deponens.
  Die Tabelle der Stammformen wichtiger Verben (Seite 96 ff.) ist nach Konjugationsklassen und der Art der Perfektbildung geordnet.

- Mit einigen Extras geht das Zeitenlernen noch viel einfacher. Deshalb findest Du vor den Konjugationstabellen viele hilfreiche **Lerntipps (S. 8)** und eine **Kurzgrammatik (S. 12)** in der Du die wichtigsten Regeln zum Thema Verben und Zeiten immer schnell zur Hand hast.

- Im Anschluss an die Verbtabellen kannst Du im großen **Übungsteil (S. 117)** alle wichtigen Verben und Zeiten üben. Der Übungsteil ist nach Lernjahren sortiert - so kannst Du ganz gezielt Übungen aussuchen.

- Ganz zum Schluss kannst Du Dich nochmal unter Echtzeitbedingungen auf die nächste Klassenarbeit vorbereiten. Dafür findest Du einen großen **Abschlusstest (**ab **S. 163)** für Dein Lernjahr. Stell Dir einen Timer und bearbeite den Test wie in der Schule.

Die **Lösungen** zu allen Übungen und Abschlusstests findest Du ab **S. 179**.

# Aufbau der Konjugationstabellen und der Stammformen

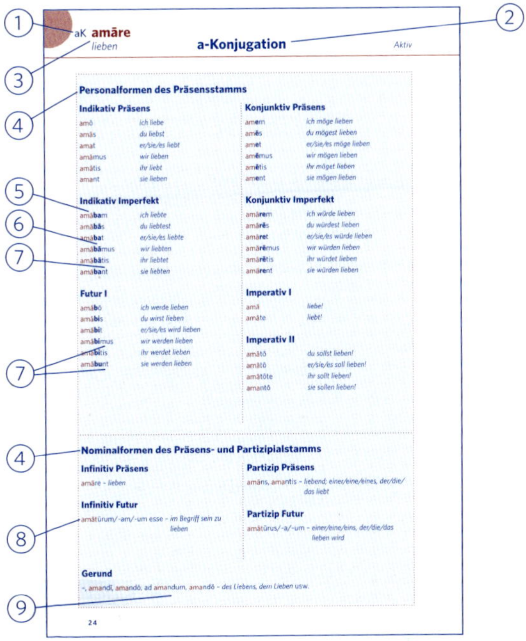

aK **amāre** *lieben* — **a-Konjugation** — *Aktiv*

**Personalformen des Präsensstamms**

| Indikativ Präsens | | Konjunktiv Präsens | |
|---|---|---|---|
| amō | *ich liebe* | amem | *ich möge lieben* |
| amās | *du liebst* | amēs | *du mögest lieben* |
| amat | *er/sie/es liebt* | amet | *er/sie/es möge lieben* |
| amāmus | *wir lieben* | amēmus | *wir mögen lieben* |
| amātis | *ihr liebt* | amētis | *ihr möget lieben* |
| amant | *sie lieben* | ament | *sie mögen lieben* |

| Indikativ Imperfekt | | Konjunktiv Imperfekt | |
|---|---|---|---|
| amābam | *ich liebte* | amārem | *ich würde lieben* |
| amābās | *du liebtest* | amārēs | *du würdest lieben* |
| amābat | *er/sie/es liebte* | amāret | *er/sie/es würde lieben* |
| amābāmus | *wir liebten* | amārēmus | *wir würden lieben* |
| amābātis | *ihr liebtet* | amārētis | *ihr würdet lieben* |
| amābant | *sie liebten* | amārent | *sie würden lieben* |

| Futur I | | Imperativ I | |
|---|---|---|---|
| amābō | *ich werde lieben* | amā | *liebe!* |
| amābis | *du wirst lieben* | amāte | *liebt!* |
| amābit | *er/sie/es wird lieben* | **Imperativ II** | |
| amābimus | *wir werden lieben* | amātō | *du sollst lieben!* |
| amābitis | *ihr werdet lieben* | amātō | *er/sie/es soll lieben!* |
| amābunt | *sie werden lieben* | amātōte | *ihr sollt lieben!* |
| | | amantō | *sie sollen lieben!* |

**Nominalformen des Präsens- und Partizipialstamms**

**Infinitiv Präsens**
amāre – *lieben*

**Partizip Präsens**
amāns, amantis – *liebend; einer/eine/eines, der/die/das liebt*

**Infinitiv Futur**
amātūrum/-am/-um esse – *im Begriff sein zu lieben*

**Partizip Futur**
amātūrus/-a/-um – *einer/eine/eins, der/die/das lieben wird*

**Gerund**
–, amandī, amandō, ad amandum, amandō – *des Liebens, dem Lieben usw.*

24

1. Kürzel für die Konjugationsklasse: z.B. aK = a-Konjugation, aD = Deponens der a-Konjugation, gK = gemischte Konjugation; oder für die unregelmäßigen Verben: uV
2. Konjugationsklasse
3. Musterverb
4. Die generelle Einteilung: oben die Personalformen, also solche, die die handelnden Personen angeben; unten die Nominalformen, also Formen, die nicht nach der Person bestimmt sind und deshalb dem Nomen nahe stehen
5. Der Stamm: Präsens-, Perfekt- und Partizipialstamm – beim PPP der Stock – : rot gekennzeichnet
6. Tempus- und Moduszeichen: fett hervorgehoben. Bei den zusammengesetzten Passivformen und den Formen von esse ist das Tempus- und Moduszeichen zur besseren Übersichtlichkeit jedoch nicht hervorgehoben.
7. Personalendung: in normaler Schrift
8. Das Partizip Futur und der aus ihm gebildete Infinitiv Futur sind zwar vom Partizipialstamm abgeleitet, wegen ihrer aktiven Bedeutung sind sie aber immer den Formen des Präsensstamms zugeordnet.
9. Zwei alternativ gebräuchliche Akkusativ-Formen des Gerunds: ad amandum oder amāre

# Lerntipps: So lernst Du Verbkonjugationen

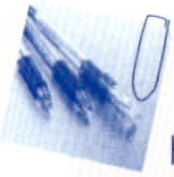

### Mehrmals abschreiben

Hast Du Schwierigkeiten mit einer Konjugation? Dann schreibe das Verb mehrmals ab. So prägst Du Dir die Formen leichter ein. Markiere dann die Endungen und Besonderheiten einzelner Verbformen farbig.

### Ähnliche Verben

Viele unregelmäßige Verben werden ähnlich konjugiert. Lerne sie immer gemeinsam!

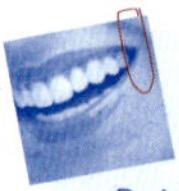

### Tonfall ändern

Merke Dir Verbformen in Beispielsätzen und sprich die konjugierten Formen mit dem zum Verb passenden Tonfall. Das Verb *hassen* sprichst Du dann natürlich völlig anders als z. B. das Verb *lieben*.

### Beispielsätze

Neue Wendungen und Verben lernst Du besser, wenn Du sie gleich in einem Beispielsatz gebrauchst.
Am besten ist ein Zusammenhang, der mit Deinem eigenen Leben zu tun hat, denn das kannst Du Dir gut merken.
Du kannst zum Beispiel Deine morgendlichen Aktivitäten vor der Schule durchgehen.

### Textstellen markieren

Das Markieren von Textstellen oder Wörtern ermöglicht es Dir, verschiedene Aspekte einer Fremdsprache gezielt zu üben. So kannst Du zum Beispiel eine Zeitform, die Du gerade gelernt hast, im Text markieren und in den unterschiedlichen Zusammenhängen lernen.

### Antonyme und Synonyme

Lerne Verben immer gleich mit dem Gegenteil (z. B. *nehmen ≠ geben*) oder mit einem gleichbedeutenden Wort (z. B. *nehmen = ergreifen*).
So erweiterst Du schnell Deinen Wortschatz.

### Verben + Präpositionen

Wenn ein Verb eine bestimmte Präposition braucht, dann lernst Du diese immer mit – am besten in einem Satz.

### Mehrmals pro Woche lernen

Setze Dir beim Sprachenlernen realistische Ziele. Es braucht Zeit, eine Sprache zu lernen – also nimm Dir nicht zu viel vor! Lieber mehrmals pro Woche eine halbe Stunde, als nur einmal 5 Stunden.

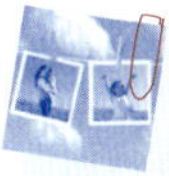

## Mit Bildern lernen

Mit Bildern, die Dir besonders auffallen oder gefallen, kannst Du wunderbar Wörter und Wendungen lernen. Bilder findest Du überall: in Zeitschriften, Prospekten und Kalendern. Wenn Dir ein Bild besonders gefällt, schneide es aus, klebe es in Dein Vokabelheft und schreibe dann auf, was Dir dazu einfällt. Das können Gedanken, Überlegungen oder aber auch nur einzelne Wörter sein.

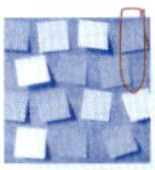

## Vokabelkärtchen

Auch Verbformen kannst Du wie Vokabeln mit Vokabelkärtchen lernen. Schreibe Dir dazu je eine Verbform auf ein Kärtchen und den Infinitiv mit Beschreibung der Verbform auf die Rückseite. Du musst dabei nicht alle Verbformen verwenden – wähle einfach die aus, die am häufigsten sind und Dir am schwersten fallen. Teste nun Deine Kenntnisse, indem Du immer die Seite mit dem Infinitiv ansiehst und die passende Form dazu bildest.

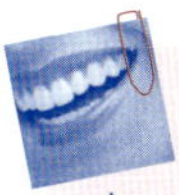

## Vorsingen

Wenn Du musikalisch bist, kannst Du vielleicht leichter lernen, wenn Du kleine Melodien erfindest und die unterschiedlichen Verben vorsingst. Mach einfach Dein ganz persönliches Casting und probiere mal aus, wie ein Verb als Rap oder als Ballade klingt. So prägst Du Dir vor allem häufige Muster gut ein!

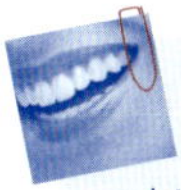

## Sich aufnehmen

Wenn Du zu den Menschen gehörst, die gut durch Hören lernen können, dann höre Dir selbst zu! Nimm Dich z.B. am PC selbst auf und höre Dir immer wieder selbst zu. Du kannst bei der Aufnahme auch Pausen machen. Dann kannst Du später in diesen Pausen das Gehörte auch nachsprechen.

## Würfeln

Unregelmäßige Verben kannst Du üben, indem Du würfelst. Du brauchst dazu zwei sechsseitige Würfel.
Einen Würfel musst Du ein bisschen bearbeiten und auf jede Würfelseite ein Stück Papier mit einer anderen Zeitform kleben. Denke Dir nun ein unregelmäßiges Verb und würfle mit beiden Würfeln.
Der normale Würfel gibt die Person vor (z. B. 1 - *ich*; 2 - *du*; 3 - *er, sie, es*; 4 - *wir*; 5 - *ihr*; 6 - *sie*), der Zeitenwürfel die entsprechende Zeitform. Bilde die korrekte Form und auf zur nächsten Runde!

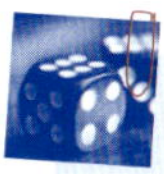

## Memory

Bastle Memory-Kärtchen! Die Paare können aus *Infinitiv- und Partizipformen* oder aus *Präsens- und Vergangenheitsformen* etc. bestehen, je nachdem, was Du besonders üben willst. Du findest bestimmt noch Freunde und Klassenkameraden die mitspielen wollen. Das macht Spaß und so werdet ihr nebenher auch fit für die nächste Klassenarbeit oder den nächsten Test!

# Grammatische Begriffe

**Aktiv**
ist die Tatform des Verbs (amant – *sie lieben*; Gegenteil: Passiv). Der Überbegriff für Aktiv und Passiv lautet Genus verbi.

**defektives Verb**
Unter einem defektiven Verb versteht man ein Verb, das nicht alle Formen bildet (quaesō – *(ich) bitte*).

**Deponens**
Ein Deponens ist ein Verb, das nur passive Formen bilden kann, aber aktive Bedeutung hat (loquī – *sprechen*). Deponentien kommen in allen Konjugationsklassen vor.

**Semideponens**
Ein Semideponens (Halbdeponens) ist ein Verb mit Formen im Passiv und Aktiv, immer jedoch mit aktiver Bedeutung (revertī, revertor, revertī – *zurückkehren*). Es gibt nur einige wenige Semideponentien.

**finite Form**
(Personalform) ist eine Verbform mit Personalendung (lauda**nt** – ***sie*** *loben*).

**infinite Form**
(Nominalform) entspricht einer Verbform ohne Personalendung (Infinitiv: laudā**re** – *lob**en***).

**Futur**
ist die Zukunftsform; das Futur I entspricht der einfachen Zukunft (laudābis – *du wirst loben*), das Futur II der vollendeten Zukunft (laudāveris – *du wirst gelobt haben*).

**Genus verbi**
Darunter versteht man die Aktionsart des Verbs, es ist der Überbegriff für Aktiv und Passiv.

**Gerundium**
Das Gerundium gehört zu den nd-Formen, es ersetzt den substantivierten Infinitiv in allen Kasus außer dem Nominativ (laudandī – *des Lobens*, ad laudandum – *zum Loben, um zu loben*). Deshalb wird es auch als Verbalsubstantiv bezeichnet. Das Gerundium zählt zu den infiniten Formen des Verbs.

**Gerundivum**
Das Gerundivum gehört wie das Gerundium zu den nd-Formen. Es ist ein sogenanntes Verbaladjektiv (laudandus, -a, -um – *lobenswert*). Das Gerundivum zählt zu den infiniten Formen des Verbs.

**Imperativ**
ist die Befehlsform des Verbs. Im Lateinischen unterscheidet man den Imperativ I, der für Aufforderungen und Befehle verwendet wird (cape! – *erfasse!*), und den Imperativ II, der für allgemeine Vorschriften und Gesetze gebraucht wird (capitōte! – *ihr sollt erfassen!*). Der Imperativ ist einer der drei Modi des Verbs.

**Imperfekt**
Als Imperfekt wird die 1. Vergangenheit bezeichnet (laudābat – *er, sie, es lobte*).

**Indikativ**
Darunter versteht man die Wirklichkeitsform des Verbs. Es ist, neben Konjunktiv und Imperativ, einer der drei Modi des Verbs.

**Infinitiv**
Der Infinitiv ist die Grundform des Verbs (laudāre – *loben*). Es gibt im Lateinischen den Infinitiv Präsens, Futur und Perfekt jeweils im Aktiv und Passiv. Der Infinitiv zählt zu den infiniten Formen des Verbs.

**intransitiv**
Verben, die kein Akkusativobjekt haben, werden intransitiv genannt (currere – *laufen*, Gegenteil: transitiv).

**Kompositum**
Verben, die aus Präfix und Simplex zusammengesetzt sind, heißen Komposita (ad-venīre – *an-kommen* ist Kompositum zum Simplex venīre – *kommen*).

**Konjugation**
ist die Beugung des Verbs. Die meisten Verben können je nach Ausgang des Präsensstamms einer bestimmten Konjugation zugeordnet werden. Im Lateinischen gibt es die a-, e-, i-, konsonantische und gemischte Konjugation.

**Modus**
ist die Aussageweise des Verbs. Es ist der Überbegriff für Indikativ, Konjunktiv und Imperativ.

**Nominalform**
*siehe* infinite Form.

**Numerus**
Numerus (Zahl) ist der Überbegriff für Singular und Plural.

**Partizip**
Das Partizip (Mittelwort) ist ein Verbaladjektiv und zählt zu den infiniten Formen des Verbs. Es gibt Partizipien im Präsens Aktiv (PPA), Futur Aktiv (PFA) und Perfekt Passiv (PPP).

**Partizipialstamm**
ist die vierte Form in der Stammformenreihe, von der die passiven Formen von Perfekt, Plusquamperfekt und Futur II gebildet werden.

**Passiv**
ist die Leideform des Verbs. Der Überbegriff für Aktiv und Passiv lautet Genus verbi (amantur - *sie werden geliebt*, Gegenteil: Aktiv).

**Perfekt**
Als Perfekt wird die 2. Vergangenheit bezeichnet (laudāvī - *ich habe gelobt*).

**Perfektstamm**
Dies ist die dritte Form der Stammformenreihe. Von ihr werden die aktiven Formen von Perfekt, Plusquamperfekt und Futur II gebildet.

**Personalendung**
Endung eines konjugierten Verbs, die eine bestimmte Person bezeichnet (-s → 2. Person Singular).

**Personalform**
*siehe* finite Form.

**Plural**
entspricht der Mehrzahl. Der Überbegriff lautet Numerus (Gegenteil: Singular).

**Plusquamperfekt**
Als Plusquamperfekt wird die Vorvergangenheit (3. Vergangenheit) bezeichnet (laudāverant - *sie hatten gelobt*).

**PFA**
*siehe* Partizip.

**PPA**
*siehe* Partizip.

**PPP**
*siehe* Partizip.

**Präfix**
Vorsilben, die vor ein Verb oder Substantiv gestellt werden, heißen Präfixe (ad- - *zu-*, con- - *zusammen-*). Mit Präfixen kann die Grundbedeutung eines Wortes abgewandelt werden.

**Präsens**
ist die Gegenwartsform eines Verbs (laudant - *sie loben*).

**Präsensstamm**
Der Präsensstamm ist an der zweiten Stammform ersichtlich. Von ihm werden Präsens, Futur, Imperfekt in Aktiv und Passiv gebildet.

**Reduplikation**
Unter Reduplikation versteht man die Verdoppelung einer Silbe, etwa beim Reduplikationsperfekt, bei dem die Anfangssilbe des Verbs wiederholt wird (z. B. currere - *laufen* → cucurrī - *ich bin gelaufen*).

**Simplex**
Ein einfaches Verb (ohne Präfix) wird Simplex genannt (Gegenteil: Kompositum).

**Singular**
entspricht der Einzahl. Der Überbegriff lautet Numerus (Gegenteil: Plural).

**Stamm**
Der Stamm ist der unveränderliche Teil eines Wortes. Lateinische Verben können einen Präsens-, Perfekt- und Partizipialstamm haben.

**Stammform**
Stammformen geben die unterschiedlichen Verbstämme an: Präsens- und Perfektstamm jeweils in der 1. Person Singular sowie den Partizipial- oder Supinstamm in Form des PPP (laudāre, laudō, laudāvī, laudātum - *loben*).

**Suffix**
Eine Nachsilbe, die an einen Wortstamm angehängt wird, heißt Suffix.

**Supinum**
Die Supina sind erstarrte Formen eines alten Verbalsubstantivs (salutātum - *zur Begrüßung*).

**Supinstamm**
*siehe* Partizipialstamm.

**Tempus**
Die Zeitform eines Verbs wird als Tempus bezeichnet (Plural: Tempora). Im Lateinischen gibt es das Präsens, Imperfekt, Futur I, Perfekt, Plusquamperfekt und Futur II.

**transitiv**
nennt man ein Verb, das mit einem Akkusativobjekt steht (z. B. aliquem laudāre - *jemanden loben*, Gegenteil: intransitiv).

**Verb**
Der Fachbegriff für ein Tätigkeits- oder Zeitwort ist Verb.

**Verba defectiva**
*siehe* defektives Verb.

# Das System der lateinischen Verbformen

## Die Konjugationen

Verben stellen neben den Nomina die zweite große Gruppe der flektierbaren Wortarten dar. Im Unterschied zu den Nomina werden sie nicht dekliniert, sondern konjugiert. Wie bei der Deklination gibt es auch bei der Konjugation verschiedene Klassen.
Nach dem Auslaut des Präsensstamms (Infinitiv Präsens ohne die Endung **-(e)re**) werden die Verben in fünf verschiedene Konjugationen eingeteilt:

| Infinitiv Präsens Aktiv | Präsensstamm | Konjugation |
|---|---|---|
| amāre - *lieben* | am**ā-** | a-Konjugation |
| monēre - *ermahnen* | mon**ē-** | e-Konjugation |
| audīre - *hören* | aud**ī-** | i-Konjugation |
| regere - *leiten* | **reg-** | konsonantische Konjugation |
| capere - *fangen* | ca**p(i)-** | gemischte Konjugation (konsonantische Konjugation mit i-Erweiterung, kurzvokalische i-Konjugation) |

## Einteilung der Verbformen

Lateinische Verben können finite und infinite Formen bilden. Unter **finiten Formen** versteht man die konjugierten Verben, die verändert werden können hinsichtlich:

- **Person** (1., 2., 3. Person),
- **Numerus** (Singular, Plural),
- **Tempus** (Präsens, Imperfekt, Perfekt, Plusquamperfekt, Futur I und II),
- **Genus verbi** (Aktiv, Passiv),
- **Modus** (Indikativ, Konjunktiv, Imperativ).

Die **infiniten Verbformen** sind die Nominalformen eines Verbs, die nicht durch Personenzeichen bestimmt sind. Dazu zählen:

- die **Infinitive** (Infinitiv Präsens Aktiv und Passiv, Infinitiv Perfekt Aktiv und Passiv, Infinitiv Futur Aktiv und Passiv),
- die **Partizipien** (Partizip Präsens Aktiv, Partizip Perfekt Passiv, Partizip Futur Aktiv),
- die **Supina** (Supin I und II) und
- die **nd-Formen** (Gerundium, Gerundivum).

## Die Stammformen

Im Lateinischen gibt es drei verschiedene Verbstämme, die für die Bildung aller Formen wichtig sind:

- **Präsensstamm**,
- **Perfektstamm** und
- **Supin-** oder **Partizipialstamm**.

Der **Präsensstamm** entspricht in der a-, e- und i-Konjugation dem Infinitiv Präsens Aktiv ohne die Infinitivendung **-re (laudāre → laudā-**, **monēre → monē-**, **audīre → audī-)**, in der konsonantischen dem Infinitiv Präsens Aktiv ohne die Infinitivendung **-ere (regere → reg-)**, ebenso in der gemischten Konjugation, bei der jedoch in einigen Personen der Bindevokal **-i-** hinzutritt **(capere → cap(i)-)**.

Der **Perfektstamm** wird auf unterschiedliche Weise gebildet:

| Infinitiv Präsens Aktiv | Perfekt | Art der Perfektbildung |
|---|---|---|
| amāre | amā**v**- | v-Perfekt<br>(viele Verben der a- und i-Konjugation) |
| monēre | mon**u-** | u-Perfekt<br>(viele Verben der e-Konjugation) |
| scrībere | scrīp**s**- | s-Perfekt |
| legere | l**ē**g- | Dehnungsperfekt* |
| currere | **cu**curr- | Reduplikationsperfekt |
| defendere | defend- | Stammperfekt |

*Beim Dehnungsperfekt verändert sich bei manchen Verben der Vokal zusätzlich durch einen Ablaut: capere → c**ē**p-

Der **Supin-** oder **Partizipialstamm** wird meist auf **-tum** oder **-sum** gebildet. Oft verändert sich der Laut direkt vor der Endung.

| Infinitiv Präsens Aktiv | Partizipialstamm |
|---|---|
| amāre | amā**tum** |
| monēre | mon**itum** |
| scrībere | scrī**ptum** |
| legere | lē**ctum** |
| currere | cu**rsum** |
| defendere | def**ēnsum** |

Die entsprechenden Stämme lernst Du mit den **Stammformen**, von denen Du dir alle anderen Formen ableiten kannst. In der Regel werden sie in der folgenden Reihenfolge angegeben:

- Infinitiv Präsens Aktiv,
- 1. Person Singular Indikativ Präsens Aktiv,
- 1. Person Indikativ Perfekt Aktiv und
- Partizip Perfekt Passiv (PPP im Singular Neutrum).

| | | | | |
|---|---|---|---|---|
| laudāre | laudō | laudāvī | laudātum | *loben* |
| monēre | moneō | monuī | monitum | *ermahnen* |
| audīre | audiō | audīvī | audītum | *hören* |
| regere | regō | rēxī | rēctum | *leiten* |
| capere | capiō | cēpī | captum | *fangen* |

Vom **Präsensstamm** werden folgende Formen gebildet:

- Präsens,
- Imperfekt,
- Futur I,
- Imperativ I und II,
- Partizip Präsens Aktiv (PPA),
- Gerundium und Gerundivum,
- Infinitiv Präsens Aktiv und Passiv.

Vom **Perfektstamm** werden folgende Formen gebildet:

- Perfekt Aktiv,
- Plusquamperfekt Aktiv,
- Futur II Aktiv,
- Infinitiv Perfekt Aktiv.

Vom **Partizipialstamm** werden folgende Formen gebildet:

- Perfekt Passiv,
- Plusquamperfekt Passiv,
- Futur II Passiv,
- Partizip Futur Aktiv (PFA),
- Partizip Perfekt Passiv (PPP),
- Supinum I und II,
- Infinitiv Perfekt Passiv,
- Infinitiv Futur in Aktiv und Passiv.

## Die Personalendungen

Zur Bezeichnung der Personen und Genera verbi treten an die Verbstämme bestimmte Personalendungen, z. B. **audi-s** – *du hörst,* **laudā-tis** – *ihr lobt.*
Für alle Tempora außer dem Indikativ Perfekt Aktiv gelten folgende Personalendungen:

| Person | Aktiv | Passiv |
|---|---|---|
| 1. Pers. Sg. | -ō/-m | -or/-r |
| 2. Pers. Sg. | -s | -ris |
| 3. Pers. Sg. | -t | -tur |
| 1. Pers. Pl. | -mus | -mur |
| 2. Pers. Pl. | -tis | -minī |
| 3. Pers. Pl. | -nt | -ntur |

Nur im **Indikativ Perfekt Aktiv** werden folgende Personalendungen verwendet:

| Person | Aktiv |
|---|---|
| 1. Pers. Sg. | -ī |
| 2. Pers. Sg. | -istī |
| 3. Pers. Sg. | -it |
| 1. Pers. Pl. | -imus |
| 2. Pers. Pl. | -istis |
| 3. Pers. Pl. | -ērunt |

Der **Imperativ**, die Befehlsform, ist einer der drei Modi des Verbs, neben dem Indikativ (Modus der Wirklichkeit) und dem Konjunktiv (Modus der Vorstellung).
Im Lateinischen unterscheidet man zwei Arten des Imperativs. Der häufiger gebrauchte Imperativ I entspricht im Singular bei den Verben der a-, e- und i-Konjugation dem Präsensstamm, im Plural wird die Personalendung **-te** angehängt. In der konsonantischen und gemischten Konjugation lauten die Endungen **-e** bzw. **-ite**.
Der Imperativ II, der für allgemeine Vorschriften und Regeln und auch in der 3. Person gebraucht wird, hat eigene Endungen. Die Imperativendungen im Überblick:

| | Imperativ I | Imperativ II |
|---|---|---|
| 2. Pers. Sg. | -/-e | -tō |
| 3. Pers. Sg. | – | -tō |
| 2. Pers. Pl. | -te/-ite | -tōte |
| 3. Pers. Pl. | – | -ntō |

| | |
|---|---|
| laudā! - *lobe!* | laudā-te! - *lobt!* |
| vidē! - *sieh!* | vidē-te! - *seht!* |
| venī! - *komm!* | venī-te! - *kommt!* |
| reg-e! - *lenke!* | reg-i-te! - *lenkt!* |
| cape! - *fang!* | capi-te! - *fangt!* |

servātō! - *du sollst/er/sie/es soll bewahren!*
servantō! - *sie sollen bewahren!*
audītōte! - *ihr sollt hören!*

## Tempus- und Moduszeichen

Zur Bezeichnung der verschiedenen Tempora und Modi treten an den jeweiligen Verbalstamm bestimmte Tempus- und Moduszeichen.

Das **Präsens** hat jedoch kein Tempuszeichen: Bei der Bildung des Indikativ Präsens werden die Personalendungen an den Präsensstamm angehängt, bei den Konjunktivformen wird zusätzlich das Konjunktiv-Präsens-Zeichen **-a-** eingefügt. Nur in der a-Konjugation verschmilzt im Konjunktiv Präsens Aktiv das **-a-** des Stamms mit dem **-a-** des Konjunktivs zu **-e-**.
lauda-**nt** - *sie loben*
laud**e-nt** - *sie mögen loben*
laudā-**tur** - *er/sie/es wird gelobt*
monē-**mus** - *wir ermahnen*
mone-**a-nt** - *sie mögen ermahnen*
monē-**mur** - *wir werden ermahnt*
audi-**a-t** - *er/sie/es möge hören*
audi-**ā-tur** - *er/sie/es möge gehört werden*

Der Indikativ **Imperfekt** wird in allen Konjugationen durch die Anfügung des Imperfektzeichens **-ba-** an den Präsensstamm und die Personalendung, der Konjunktiv durch die Verbindung des Infinitiv Präsens mit der Personalendung gebildet. Bei Verben der konsonantischen, gemischten und i-Konjugation wird beim Indikativ zwischen Präsensstamm und **-ba-** noch ein **-e-** eingefügt.
laudā-**ba-nt** - *sie lobten*
monē-**rē-mus** - *wir würden ermahnen*
monē-**rē-mur** - *wir würden ermahnt werden*
audi-**ē-ba-t** - *er/sie/es hörte*
audi**-ē-bā-tur** - *er/sie/es wurde gehört*
reg-**ē-bam** - *ich lenkte*
capi-**ē-bant** - *sie erfassten*

Das **Futur** hat im Unterschied zu den anderen Zeiten keine Konjunktivformen. Die Bildung ist nicht einheitlich und unterscheidet sich je nach Konjugation:
In der a- und e- Konjugation werden das Futurzeichen **-bi-** und die Personalendung an den Präsensstamm angefügt. In der 1. Person Singular verschmilzt das Futurzeichen mit der Personalendung, daraus entsteht die Endung **-bō**. In der 3. Person Plural lautet das Futurzeichen **-bu-**.
In der i-Konjugation, der konsonantischen und gemischten Konjugation ist das Futurzeichen **-e-** (1. Person Singular: **-a-**).
laudā-**bō** - *ich werde loben*
monē-**bi-mur** - *wir werden ermahnt werden*
audi-**e-nt** - *sie werden hören*
audi-**a-r** - *ich werde gehört werden*
capi-**ē-minī** - *ihr werdet gefasst werden*

Zur Bildung der aktiven **Perfekt**formen wird an den Perfektstamm (s. S. 13) die entsprechende Personalendung angehängt. Der Indikativ Perfekt Aktiv hat eigene Personalendungen (s. S. 15), für den Konjunktiv gelten die üblichen Personalendungen, das Moduszeichen lautet **-eri-**.
laudāv-**imus** - *wir haben gelobt*
laudāv-**eri-mus** - *wir hätten gelobt*
monu-**istī** - *du hast ermahnt*
monu-**eri-s** - *du habest ermahnt*
cēp-**ērunt** - *sie haben gefasst*
cēp-**eri-nt** - *sie hätten gefasst*

Das Tempuszeichen für das **Plusquamperfekt** im Indikativ Aktiv lautet **-era-**, es wird zwischen Perfektstamm und Personalendung eingefügt. Das Moduszeichen für den Konjunktiv Plusquamperfekt Aktiv ist **-isse-**.
laudāv-**era-mus** - *wir hatten gelobt*
laudāv-**issē-mus** - *wir hätten gelobt*
monu-**erā-s** - *du hattest ermahnt*
monu-**issē-s** - *du hättest ermahnt*
cēp-**era-nt** - *sie hatten gefasst*
cēp-**isse-nt** - *sie hätten gefasst*

Das Aktiv des **Futur II** wird mit dem Perfektstamm, dem Tempuszeichen **-eri-** (1. Person Singular: **-erō**) und den Personalendungen gebildet. Die Futur-II-Formen sind identisch mit denen des Konjunktiv Perfekt Aktiv, bis auf die 1. Person Singular.
laudāv-**erō** - *ich werde gelobt haben*
monu-**eri-s** - *du wirst ermahnt haben*
cēp-**eri-nt** - *sie werden gefasst haben*

Die **Passiv**formen von Perfekt, Plusquamperfekt und Futur II, die vom Partizipialstamm gebildet werden, bestehen immer aus dem Partizip Perfekt Passiv (PPP) und einer Form von **esse** - *sein*.

**Perfekt**: PPP + Präsens von **esse**
laudātus, -a, -um sum – *ich bin gelobt worden*
monitī, -ae, -a sint – *sie seien ermahnt worden*

**Plusquamperfekt**: PPP + Imperfekt von **esse**
captus, -a, -um eram – *ich war gefasst worden*
rēctī, -ae, -a essēmus – *wir wären gelenkt worden*

**Futur II**: PPP + Futur I von **esse**
laudātus, -a, -um erō – *ich werde gelobt worden sein*
monitī, -ae, -a erunt – *sie werden ermahnt worden sein*

## Die Formen des Infinitivs

Die Endung des Infinitiv **Präsens** Aktiv lautet in der a-, e- und i-Konjugation **-re**, in der konsonantischen und gemischten Konjugation wird zusätzlich der Bindevokal **-e-** eingefügt. Im Präsens Passiv lautet die Infinitivendung **-rī** bzw. **-ī**.

| | Aktiv | Passiv |
|---|---|---|
| **a-Konjugation** | amā-re | amā-rī |
| **e-Konjugation** | monē-re | monē-rī |
| **i-Konjugation** | audī-re | audī-rī |
| **konsonantische Konjugation** | reg-e-re | reg-ī |
| **gemischte Konjugation** | cap-e-re | cap-ī |

An den Perfektstamm wird – unabhängig von der Konjugationsklasse – für den Infinitiv **Perfekt** Aktiv die Endung **-isse** angefügt. Im Passiv besteht der Infinitiv Perfekt aus dem Partizip Perfekt Passiv (PPP) und **esse**.

| Aktiv | Passiv |
|---|---|
| amāv-isse | amātum, -am, -um esse |
| monu-isse | monitum, -am, -um esse |
| audīv-isse | audītum, -am, -um esse |
| rēx-isse | rēctum, -am, -um esse |
| cēp-isse | captum, -am, -um esse |

Der Infinitiv **Futur** Aktiv bildet sich aus dem Partizip Futur Aktiv und **esse**, im Passiv aus dem Supin I (s. S. 12f.) und **īrī**.

| Aktiv | Passiv |
|---|---|
| amātūrum, -am, -um esse | amātum īrī |
| monitūrum, -am, -um esse | monitum īrī |
| audītūrum, -am, -um esse | audītum īrī |
| rēctūrum, -am, -um esse | rēctum īrī |
| captūrum, -am, -um esse | captum īrī |

## Die Partizipien

Das Partizip Präsens Aktiv (PPA) wird vom Präsensstamm, dem Suffix **-nt-** und den Endungen der 3. Deklination gebildet, im Nominativ Singular mit dem Suffix **-ns**. In der i-, der konsonantischen und gemischten Konjugation wird der Bindevokal **-e-** eingeschoben.

| | |
|---|---|
| **a-Konjugation** | amā-ns, ama-nt-is |
| **e-Konjugation** | monē-ns, mone-nt-is |
| **i-Konjugation** | audī-ē-ns, audi-e-nt-is |
| **konsonantische Konjugation** | reg-ē-ns, reg-e-nt-is |
| **gemischte Konjugation** | capi-ē-ns, capi-e-nt-is |

Das Partizip Perfekt Passiv (PPP) wird vom Partizipialstamm und den Endungen **-us**, **-a**, **-um** (a-/o-Deklination) gebildet.
Das Partizip Futur Aktiv (PFA) wird ebenfalls vom Partizipialstamm gebildet, die Endung lautet **-ūrus**, **-ūra**, **-ūrum**.

| PPP | PFA |
|---|---|
| amātus, -a, -um | amātūrus, -a, -um |
| monitus, -a, -um | monitūrus, -a, -um |
| audītus, -a, -um | audītūrus, -a, -um |
| rēctus, -a, -um | rēctūrus, -a, -um |
| captus, -a, -um | captūrus, -a, -um |

## Die nd-Formen

Das Gerundivum wird mit dem Präsensstamm, dem Suffix **-nd-** und den Endungen der a-/o-Deklination gebildet, das Gerundium ebenfalls mit **-nd-**, aber mit den Endungen der o-Deklination im Neutrum Singular. Da das Gerundium den substantivierten Infinitiv in allen Kasus im Singular vertritt, gibt es dies nur im Singular, jedoch nicht im Nominativ.

| | Gerundiv | Gerundium |
|---|---|---|
| **a-Konjugation** | ama-nd-us, -a, -um | ama-nd-ī *usw.* |
| **e-Konjugation** | mone-nd-us, -a, -um | mone-nd-ī *usw.* |
| **i-Konjugation** | audi-e-ndus, -a, -um | audi-e-nd-ī *usw.* |
| **konsonantische Konjugation** | reg-e-nd-us, -a, -um | reg-e-nd-ī *usw.* |
| **gemischte Konjugation** | capi-e-nd-us, -a, -um | capi-e-nd-ī *usw.* |

## Die Supina

Das sehr selten verwendete Supinum ist ein Verbalsubstantiv, das vom Partizipialstamm (Supinstamm) abgeleitet ist. Das Supinum I sieht aus wie das PPP, ist aber ein alter Akkusativ der Richtung und bezeichnet, nach Verben der Bewegung, einen Zweck.
salutātum īre – *zur Begrüßung gehen (gehen, um zu begrüßen)*

Das Supinum I dient auch zur Bildung des Infinitiv Futur Passiv.

Das Supinum II endet auf **-ū**:
facile dictū – *leicht zu sagen*
difficile intellectū – *schwer zu verstehen*

## Deponentien und Semideponentien

Verben, die passive Formen, aber aktive Bedeutung haben, werden **Deponentien** genannt. Deponentien gibt es in allen Konjugationen:
hortārī, hortor, hortātus sum – *ermahnen*
verērī, vereor, veritus sum – *(sich) scheuen, fürchten; verehren*
potīrī, potior, potītus sum – *sich bemächtigen*
ūtī, ūtor, ūsus sum – *gebrauchen*
patī, patior, passus sum – *leiden*

Unter **Semideponentien** versteht man Verben, die nur im Präsens- oder im Perfektstamm als Deponentien auftreten. Die passiven Formen haben wie bei den Deponentien aktive Bedeutung.
audēre, audeō, ausus sum – *wagen*
(cōn)fīdere, (cōn)fīdō, (cōn)fīsus sum – *(ver-)trauen*
gaudēre, gaudeō, gavīsus sum – *sich freuen*
solēre, soleō, solitus sum – *pflegen, gewohnt sein*
revertī, revertor, revertī – *zurückkehren*

## Verba defectiva

Einige wenige Verben sind nur im Perfektstamm gebräuchlich, sie werden **Verba defectiva** genannt. Die Besonderheit ist, dass das Perfekt dem Präsens (auch präsentisches Perfekt genannt) entspricht bzw. analog das Plusquamperfekt und Futur II dem Imperfekt und Futur I.

| | |
|---|---|
| ōdisse - *hassen* | meminisse - *sich erinnern, denken an* |
| ōdī - *ich hasse* | meminī - *ich erinnere mich* |
| ōderam - *ich hasste* | memineram - *ich erinnerte mich* |
| ōderō - *ich werde hassen* | meminerō - *ich werde mich erinnern* |

Cur tē ōdērunt?
*Warum hassen sie Dich?*

Semper pūgnae illīus meminerit.
*Er wird sich immer an diese Schlacht erinnern.*

Auch das Perfekt von **nōscere** - *kennen lernen* und **cōnsuēscere** - *sich gewöhnen* kann präsentische Bedeutung haben:
nōvī - *ich kenne, ich weiß*
cōnsuēvī - *ich bin gewohnt, ich pflege (zu)*

Nur im Perfekt gebräuchlich, aber mit Perfektbedeutung ist **coepisse** - *angefangen haben.* Aufgrund seiner Bedeutung ist es unter den Stammformen von **incipere** - *anfangen* aufgelistet.

Die folgenden Verben werden nur in einzelnen Formen verwendet:

- āiō - *ich sage*, weitere Formen im Indikativ Präsens: ais - *du sagst*, ait - *er/sie/es sagt(e)* (auch als Indikativ Perfekt), āiunt - *sie sagen*, im Imperfekt (alle Formen im Indikativ): aiēbam - *ich sagte*, aiēbās - *du sagtest* usw.
- inquit - *sagt(e) er* (als Einschub in der direkten Rede), weitere Formen im Indikativ Präsens: inquam - *sage ich*, inquis - *sagst du*, inquiunt - *sagen sie*, im Futur I: inquiēs - *wirst du sagen*, inquiet - *wird er sagen*
- avē(te)!/salvē(te)! - *sei(d) gegrüßt!*
- quaesō - *(ich) bitte*

## Kurzformen, Nebenformen und Ausnahmen

Vor **r** und **s** fallen manchmal bei Perfekt- oder Plusquamperfektformen wie amā**vērunt**, audī**vissem** **-ve-** bzw. **-vi-** aus:
→ amā**runt**, audī**ssent**.
In der i-Konjugation, der konsonantischen und der gemischten Konjugation entfällt gelegentlich das **-v-** des v-Perfekts: audī**vērunt** → audi**ērunt**, petī**vērunt** → peti**ērunt**.
In allen Konjugationen wird zuweilen die Perfektform amāv**ērunt**, monu**ērunt**, cēp**ērunt** u. a. durch die Kurzform amāv**ēre**, monu**ēre**, cēp**ēre** ersetzt.

In der 2. Person Singular Passiv kommt statt der Endung **-ris** auch (selten) **-re** vor: abūtē**re**, amābe**re**.
Abweichend von der normalen Imperativform wie **age** wird bei vier Verben das **e** abgeworfen: **dīc**, **dūc**, **fac**, **fer**.

## Komposita

Der größere Teil der lateinischen Verben besteht aus Komposita, d.h. zusammengesetzten Verben. Dabei tritt vor das einfache Verb (Simplex) eine Vorsilbe (Präfix) und verändert die Grundbedeutung. Dieser Vorgang ist auch im Deutschen zu beobachten.
Beispiel: pōnere *(setzen, stellen, legen)* – **dē**pōnere *(**ab**legen)* – **com**pōnere *(**zusammen**stellen)* – **ap**pōnere *(**hinzu**stellen)*.
Bei manchen Verben ist der Vorgang der **Assimilation** zu beobachten: Der Konsonant am Ende der Vorsilbe gleicht sich an den Anfangskonsonanten des Simplex an oder wird ihm ähnlich (**ad**pōnere → **ap**pōnere); manchmal wird er auch ausgestoßen (**dis**mittere → **dī**mittere).
Aus den Beispielen geht hervor, dass der Lernaufwand erheblich reduziert werden kann, wenn man die Bedeutungen der Vorsilben kennt. Über die Hälfte der Komposita braucht man nämlich nicht mehr zu lernen, weil man die Bedeutungen aus der Vorsilbe und dem Simplex erschließen kann. Im Folgenden die **wichtigsten Vorsilben** und einige durch Assimilation oder Ausfall mögliche Varianten:

| | |
|---|---|
| **ab-**, ā-, abs-, as- | *ab-, weg-* (abīre – *weggehen*) |
| **ad-**, ac-, af-, ag-, ap-, ar-, at- | *an-, zu-, hin-* (advenīre – *ankommen*) |
| **ante-** | *vor-, voran-* (anteīre – *vorangehen*) |
| **circum-** | *um-, umher-* (circumīre – *umhergehen, umzingeln*) |
| **con-**, co-, col-, com-, cor- | *zusammen-* (comportāre – *zusammentragen*);<br>auch zur Verstärkung (collaudāre – *sehr loben*) |
| **dē-** | *herab-, weg-, über-* (dēcēdere – *weggehen;* dēscrībere – *über etwas schreiben*);<br>auch zur Verstärkung (dēvincere – *völlig besiegen*) |
| **dis-**, dī-, dif-, dir- | *weg-, auseinander-* (dīmittere – *wegschicken;* distrahere – *auseinanderziehen, zerreißen*) |
| **ex-**, ē-, ef- | *aus-, heraus-, empor-* (exigere – *heraustreiben;* ēligere – *auslesen*) |
| **in-**, ig-, il-, im-, ir- | *(hin-)ein-, an-* (implēre – *ein-/anfüllen*) |
| **inter-** | *zwischen-, unter-* (intermittere – *[da-]zwischenlegen, unterbrechen;* interdīcere – *untersagen*) |
| **intrō-** | *hinein-* (intrōdūcere – *hineinführen*) |
| **ne-**, neg- | *nicht* (nescīre – *nicht wissen;* neglegere – *nicht achten, vernachlässigen*) |
| **ob-**, oc-, of-, op- | *entgegen-, hin-* (occurrere – *entgegenlaufen;* offerre – *„entgegen-, hinhalten", anbieten;* ostendere – *„entgegen-, hinhalten", zeigen*) |

| | |
|---|---|
| **per-** | *durch-, hindurch-, hin-* (perdūcēre - *durch-, hindurch-, hinführen*);<br>auch zur Verstärkung (persuādēre - *„gründlich, bis zum Erfolg raten", überreden, überzeugen*) |
| **prae-** | *vor-, voraus-, voran-, vorbei-* (praedīcere - *voraussagen;* praecurrere - *„vorauseilen", zuvorkommen, „vorbeieilen", überholen*) |
| **praeter-** | *vorüber-, vorbei-* (praetervehī - *vorüberfahren;* praeterīre - *vorbeigehen, übergehen*) |
| **prō-**, prōd- | *vor-, hervor-, voraus-* (prōvidere - *vorausschauen, [für etwas] sorgen*) |
| **re-**, red- | *zurück-, wieder-, entgegen-* (rescrībere - *zurückschreiben, [schriftlich] antworten;* reficere - *wiederherstellen;* resistere - *sich entgegenstellen, sich widersetzen*) |
| **sē-** | *ent-, weg-* (sēparāre - *„auseinanderbereiten", trennen*) |
| **sub-**, suc-, sup-, sus- | *unter-, (von) unten* (supprimere - *unterdrücken*) |
| **trāns-**, trā- | *(hin-)über-* (trānscendere - *übersteigen*) |

## Betonung der Verbformen

Da sich bei manchen Verben die Betonung von einer Silbe auf die Nachbarsilbe verschieben kann (Beispiel: perágere, péragō), sollen hier kurz die beiden wichtigsten Betonungsregeln in vereinfachter Form aufgeführt werden.

- Die **Dreisilbenregel** besagt: Ein lateinisches Wort wird - mit wenigen Ausnahmen - nicht auf der letzten, sondern auf der vorletzten Silbe betont, wenn diese lang ist, oder auf der drittletzten Silbe, wenn die vorletzte kurz ist.
- Die Regel über die **Positionslänge** besagt: Ein an sich kurzer Vokal wird als lang angesehen, wenn auf ihn zwei oder mehr Konsonanten folgen.

Diese Regeln finden für die Betonung der Verbformen folgende praktische Anwendung: Auf der *vorletzten Silbe* werden betont

- alle *zweisilbigen* Formen ohne Rücksicht auf Längen oder Kürzen,
- alle Formen, deren *vorletzte Silbe lang* ist - in Lehrbüchern und Nachschlagewerken wie diesem im Allgemeinen durch einen Balken auf dem Vokal gekennzeichnet (vid**ē**re, laud**ā**mus, ēv**ā**sī, amāv**ē**runt),
- alle Formen, auf deren vorletzten Vokal *zwei oder mehr Konsonanten* oder ein *Doppelkonsonant* folgen (z. B. tetén**d**ī, contí**ng**unt, oppré**ss**um).

Alle übrigen Formen haben die Betonung *auf der drittletzten Silbe*: pátuī, répetis, cóntrahunt, monúerint, póterat.

# a-Konjugation



## Personalformen des Präsensstamms

### Indikativ Präsens

| | |
|---|---|
| amō | *ich liebe* |
| amās | *du liebst* |
| amat | *er/sie/es liebt* |
| amāmus | *wir lieben* |
| amātis | *ihr liebt* |
| amant | *sie lieben* |

### Konjunktiv Präsens

| | |
|---|---|
| am**e**m | *ich möge lieben* |
| am**ē**s | *du mögest lieben* |
| am**e**t | *er/sie/es möge lieben* |
| am**ē**mus | *wir mögen lieben* |
| am**ē**tis | *ihr möget lieben* |
| am**e**nt | *sie mögen lieben* |

### Indikativ Imperfekt

| | |
|---|---|
| amā**ba**m | *ich liebte* |
| amā**bā**s | *du liebtest* |
| amā**ba**t | *er/sie/es liebte* |
| amā**bā**mus | *wir liebten* |
| amā**bā**tis | *ihr liebtet* |
| amā**ba**nt | *sie liebten* |

### Konjunktiv Imperfekt

| | |
|---|---|
| amā**re**m | *ich würde lieben* |
| amā**rē**s | *du würdest lieben* |
| amā**re**t | *er/sie/es würde lieben* |
| amā**rē**mus | *wir würden lieben* |
| amā**rē**tis | *ihr würdet lieben* |
| amā**re**nt | *sie würden lieben* |

### Futur I

| | |
|---|---|
| amā**b**ō | *ich werde lieben* |
| amā**bi**s | *du wirst lieben* |
| amā**bi**t | *er/sie/es wird lieben* |
| amā**bi**mus | *wir werden lieben* |
| amā**bi**tis | *ihr werdet lieben* |
| amā**bu**nt | *sie werden lieben* |

### Imperativ I

| | |
|---|---|
| amā | *liebe!* |
| amāte | *liebt!* |

### Imperativ II

| | |
|---|---|
| amātō | *du sollst lieben!* |
| amātō | *er/sie/es soll lieben!* |
| amātōte | *ihr sollt lieben!* |
| amantō | *sie sollen lieben!* |

## Nominalformen des Präsens- und Partizipialstamms

### Infinitiv Präsens

amāre – *lieben*

### Partizip Präsens

amāns, amantis – *liebend; einer/eine/eines, der/die/das liebt*

### Infinitiv Futur

amātūrum/-am/-um esse – *im Begriff sein zu lieben*

### Partizip Futur

amātūrus/-a/-um – *einer/eine/eins, der/die/das lieben wird*

### Gerund

–, amandī, amandō, ad amandum, amandō – *des Liebens, dem Lieben* usw.

## Personalformen des Präsensstamms

### Indikativ Präsens

| | |
|---|---|
| amor | *ich werde geliebt* |
| amāris | *du wirst geliebt* |
| amātur | *er/sie/es wird geliebt* |
| amāmur | *wir werden geliebt* |
| amāminī | *ihr werdet geliebt* |
| amantur | *sie werden geliebt* |

### Konjunktiv Präsens

| | |
|---|---|
| am**e**r | *ich möge geliebt werden* |
| am**ē**ris | *du mögest geliebt werden* |
| am**ē**tur | *er/sie/es möge geliebt werden* |
| am**ē**mur | *wir mögen geliebt werden* |
| am**ē**minī | *ihr möget geliebt werden* |
| am**e**ntur | *sie mögen geliebt werden* |

### Indikativ Imperfekt

| | |
|---|---|
| amā**ba**r | *ich wurde geliebt* |
| amā**bā**ris | *du wurdest geliebt* |
| amā**bā**tur | *er/sie/es wurde geliebt* |
| amā**bā**mur | *wir wurden geliebt* |
| amā**bā**minī | *ihr wurdet geliebt* |
| amā**ba**ntur | *sie wurden geliebt* |

### Konjunktiv Imperfekt

| | |
|---|---|
| amā**re**r | *ich würde geliebt werden* |
| amā**rē**ris | *du würdest geliebt werden* |
| amā**rē**tur | *er/sie/es würde geliebt werden* |
| amā**rē**mur | *wir würden geliebt werden* |
| amā**rē**minī | *ihr würdet geliebt werden* |
| amā**re**ntur | *sie würden geliebt werden* |

### Futur I

| | |
|---|---|
| amā**bo**r | *ich werde geliebt werden* |
| amā**be**ris | *du wirst geliebt werden* |
| amā**bi**tur | *er/sie/es wird geliebt werden* |
| amā**bi**mur | *wir werden geliebt werden* |
| amā**bi**minī | *ihr werdet geliebt werden* |
| amā**bu**ntur | *sie werden geliebt werden* |

## Nominalformen des Präsens- und Partizipialstamms

### Infinitiv Präsens

amārī – *geliebt werden*

### Infinitiv Futur

amātum īrī – *in Zukunft geliebt werden*

### Gerundiv

amandus/-a/-um – *liebenswert; einer/eine/eins, der/die/das geliebt wird/werden muss*

## Personalformen des Perfektstamms

### Indikativ Perfekt

| | |
|---|---|
| amāvī | *ich habe geliebt* |
| amāvistī | *du hast geliebt* |
| amāvit | *er/sie/es hat geliebt* |
| amāvimus | *wir haben geliebt* |
| amāvistis | *ihr habt geliebt* |
| amāvērunt | *sie haben geliebt* |

### Indikativ Plusquamperfekt

| | |
|---|---|
| amāveram | *ich hatte geliebt* |
| amāverās | *du hattest geliebt* |
| amāverat | *er/sie/es hatte geliebt* |
| amāverāmus | *wir hatten geliebt* |
| amāverātis | *ihr hattet geliebt* |
| amāverant | *sie hatten geliebt* |

### Futur II

| | |
|---|---|
| amāverō | *ich werde geliebt haben* |
| amāveris | *du wirst geliebt haben* |
| amāverit | *er/sie/es wird geliebt haben* |
| amāverimus | *wir werden geliebt haben* |
| amāveritis | *ihr werdet geliebt haben* |
| amāverint | *sie werden geliebt haben* |

### Konjunktiv Perfekt

| | |
|---|---|
| amāverim | *ich habe geliebt* |
| amāveris | *du habest geliebt* |
| amāverit | *er/sie/es habe geliebt* |
| amāverimus | *wir haben geliebt* |
| amāveritis | *ihr habet geliebt* |
| amāverint | *sie haben geliebt* |

### Konjunktiv Plusquamperfekt

| | |
|---|---|
| amāvissem | *ich hätte geliebt* |
| amāvissēs | *du hättest geliebt* |
| amāvisset | *er/sie/es hätte geliebt* |
| amāvissēmus | *wir hätten geliebt* |
| amāvissētis | *ihr hättet geliebt* |
| amāvissent | *sie hätten geliebt* |

## Nominalformen des Perfektstamms

### Infinitiv Perfekt

amāvisse – *geliebt haben*

## Personalformen des Partizipialstamms

### Indikativ Perfekt

amātus/-a/-um sum *ich bin geliebt worden*
amātus/-a/-um es *du bist geliebt worden*
amātus/-a/-um est *er/sie/es ist geliebt worden*
amātī/-ae/-a sumus *wir sind geliebt worden*
amātī/-ae/-a estis *ihr seid geliebt worden*
amātī/-ae/-a sunt *sie sind geliebt worden*

### Indikativ Plusquamperfekt

amātus/-a/-um eram *ich war geliebt worden*
amātus/-a/-um erās *du warst geliebt worden*
amātus/-a/-um erat *er/sie/es war geliebt worden*
amātī/-ae/-a erāmus *wir waren geliebt worden*
amātī/-ae/-a erātis *ihr wart geliebt worden*
amātī/-ae/-a erant *sie waren geliebt worden*

### Futur II

amātus/-a/-um erō *ich werde geliebt worden sein*
amātus/-a/-um eris *du wirst geliebt worden sein*
amātus/-a/-um erit *er/sie/es wird geliebt worden sein*
amātī/-ae/-a erimus *wir werden geliebt worden sein*
amātī/-ae/-a eritis *ihr werdet geliebt worden sein*
amātī/-ae/-a erunt *sie werden geliebt worden sein*

### Konjunktiv Perfekt

amātus/-a/-um sim *ich sei geliebt worden*
amātus/-a/-um sīs *du seist geliebt worden*
amātus/-a/-um sit *er/sie/es sei geliebt worden*
amātī/-ae/-a sīmus *wir seien geliebt worden*
amātī/-ae/-a sītis *ihr seiet geliebt worden*
amātī/-ae/-a sint *sie seien geliebt worden*

### Konjunktiv Plusquamperfekt

amātus/-a/-um essem *ich wäre geliebt worden*
amātus/-a/-um essēs *du wärest geliebt worden*
amātus/-a/-um esset *er/sie/es wäre geliebt worden*
amātī/-ae/-a essēmus *wir wären geliebt worden*
amātī/-ae/-a essētis *ihr wäret geliebt worden*
amātī/-ae/-a essent *sie wären geliebt worden*

## Nominalformen des Partizipialstamms

### Infinitiv Perfekt

amātum/-am/-um esse – *geliebt worden sein*

### Partizip Perfekt

amātus/-a/-um – *einer/eine/eins, der/die/das geliebt worden ist*

## Personalformen des Präsensstamms

### Indikativ Präsens

| | |
|---|---|
| dō | *ich gebe* |
| dās | *du gibst* |
| dat | *er/sie/es gibt* |
| damus | *wir geben* |
| datis | *ihr gebt* |
| dant | *sie geben* |

### Indikativ Imperfekt

| | |
|---|---|
| da**ba**m | *ich gab* |
| da**bā**s | *du gabst* |
| da**ba**t | *er/sie/es gab* |
| da**bā**mus | *wir gaben* |
| da**bā**tis | *ihr gabt* |
| da**ba**nt | *sie gaben* |

### Futur I

| | |
|---|---|
| da**bō** | *ich werde geben* |
| da**bi**s | *du wirst geben* |
| da**bi**t | *er/sie/es wird geben* |
| da**bi**mus | *wir werden geben* |
| da**bi**tis | *ihr werdet geben* |
| da**bu**nt | *sie werden geben* |

### Konjunktiv Präsens

| | |
|---|---|
| d**e**m | *ich möge geben* |
| d**ē**s | *du mögest geben* |
| d**e**t | *er/sie/es möge geben* |
| d**ē**mus | *wir mögen geben* |
| d**ē**tis | *ihr möget geben* |
| d**e**nt | *sie mögen geben* |

### Konjunktiv Imperfekt

| | |
|---|---|
| da**re**m | *ich würde geben* |
| da**rē**s | *du würdest geben* |
| da**re**t | *er/sie/es würde geben* |
| da**rē**mus | *wir würden geben* |
| da**rē**tis | *ihr würdet geben* |
| da**re**nt | *sie würden geben* |

### Imperativ I

| | |
|---|---|
| dā | *gib!* |
| date | *gebt!* |

### Imperativ II

| | |
|---|---|
| datō | *du sollst geben!* |
| datō | *er/sie/es soll geben!* |
| datōte | *ihr sollt geben!* |
| dantō | *sie sollen geben!* |

## Nominalformen des Präsens- und Partizipialstamms

### Infinitiv Präsens

dare – *geben*

### Infinitiv Futur

datūrum/-am/-um esse – *im Begriff sein zu geben*

### Partizip Präsens

dāns, dantis – *gebend; einer/eine/eines, der/die/das gibt*

### Partizip Futur

datūrus/-a/-um – *einer/eine/eines, der/die/das geben wird*

### Gerund

–, dandī, dandō, ad dandum, dandō – *des Gebens, dem Geben* usw.

## Personalformen des Präsensstamms

### Indikativ Präsens

| | |
|---|---|
| dor | *ich werde gegeben* |
| daris | *du wirst gegeben* |
| datur | *er/sie/es wird gegeben* |
| damur | *wir werden gegeben* |
| daminī | *ihr werdet gegeben* |
| dantur | *sie werden gegeben* |

### Konjunktiv Präsens

| | |
|---|---|
| d**e**r | *ich möge gegeben werden* |
| d**ē**ris | *du mögest gegeben werden* |
| d**ē**tur | *er/sie/es möge gegeben werden* |
| d**ē**mur | *wir mögen gegeben werden* |
| d**ē**minī | *ihr möget gegeben werden* |
| d**e**ntur | *sie mögen gegeben werden* |

### Indikativ Imperfekt

| | |
|---|---|
| da**ba**r | *ich wurde gegeben* |
| da**bā**ris | *du wurdest gegeben* |
| da**bā**tur | *er/sie/es wurde gegeben* |
| da**bā**mur | *wir wurden gegeben* |
| da**bā**minī | *ihr wurdet gegeben* |
| da**ba**ntur | *sie wurden gegeben* |

### Konjunktiv Imperfekt

| | |
|---|---|
| da**re**r | *ich würde gegeben werden* |
| da**rē**ris | *du würdest gegeben werden* |
| da**rē**tur | *er/sie/es würde gegeben werden* |
| da**rē**mur | *wir würden gegeben werden* |
| da**rē**minī | *ihr würdet gegeben werden* |
| da**re**ntur | *sie würden gegeben werden* |

### Futur I

| | |
|---|---|
| da**bo**r | *ich werde gegeben werden* |
| da**be**ris | *du wirst gegeben werden* |
| dā**bi**tur | *er/sie/es wird gegeben werden* |
| da**bi**mur | *wir werden gegeben werden* |
| da**bi**minī | *ihr werdet gegeben werden* |
| da**bu**ntur | *sie werden gegeben werden* |

## Nominalformen des Präsens- und Partizipialstamms

### Infinitiv Präsens

darī – *gegeben werden*

### Infinitiv Futur

datum īrī – *in Zukunft gegeben werden*

### Gerundiv

dandus/-a/-um – *einer/eine/eines, der/die/das gegeben werden muss*

## Personalformen des Perfektstamms

### Indikativ Perfekt

| | |
|---|---|
| dedī | *ich habe gegeben* |
| dedistī | *du hast gegeben* |
| dedit | *er/sie/es hat gegeben* |
| dedimus | *wir haben gegeben* |
| dedistis | *ihr habt gegeben* |
| dedērunt | *sie haben gegeben* |

### Konjunktiv Perfekt

| | |
|---|---|
| dederim | *ich habe gegeben* |
| dederis | *du habest gegeben* |
| dederit | *er/sie/es habe gegeben* |
| dederimus | *wir haben gegeben* |
| dederitis | *ihr habet gegeben* |
| dederint | *sie haben gegeben* |

### Indikativ Plusquamperfekt

| | |
|---|---|
| dederam | *ich hatte gegeben* |
| dederās | *du hattest gegeben* |
| dederat | *er/sie/es hatte gegeben* |
| dederāmus | *wir hatten gegeben* |
| dederātis | *ihr hattet gegeben* |
| dederant | *sie hatten gegeben* |

### Konjunktiv Plusquamperfekt

| | |
|---|---|
| dedissem | *ich hätte gegeben* |
| dedissēs | *du hättest gegeben* |
| dedisset | *er/sie/es hätte gegeben* |
| dedissēmus | *wir hätten gegeben* |
| dedissētis | *ihr hättet gegeben* |
| dedissent | *sie hätten gegeben* |

### Futur II

| | |
|---|---|
| dederō | *ich werde gegeben haben* |
| dederis | *du wirst gegeben haben* |
| dederit | *er/sie/es wird gegeben haben* |
| dederimus | *wir werden gegeben haben* |
| dederitis | *ihr werdet gegeben haben* |
| dederint | *sie werden gegeben haben* |

## Nominalformen des Perfektstamms

### Infinitiv Perfekt

dedisse – *gegeben haben*

## Personalformen des Partizipialstamms

### Indikativ Perfekt

| | |
|---|---|
| datus/-a/-um sum | *ich bin gegeben worden* |
| datus/-a/-um es | *du bist gegeben worden* |
| datus/-a/-um est | *er/sie/es ist gegeben worden* |
| datī/-ae/-a sumus | *wir sind gegeben worden* |
| datī/-ae/-a estis | *ihr seid gegeben worden* |
| datī/-ae/-a sunt | *sie sind gegeben worden* |

### Konjunktiv Perfekt

| | |
|---|---|
| datus/-a/-um sim | *ich sei gegeben worden* |
| datus/-a/-um sīs | *du seiest gegeben worden* |
| datus/-a/-um sit | *er/sie/es sei gegeben worden* |
| datī/-ae/-a sīmus | *wir seien gegeben worden* |
| datī/-ae/-a sītis | *ihr seiet gegeben worden* |
| datī/-ae/-a sint | *sie seien gegeben worden* |

### Indikativ Plusquamperfekt

| | |
|---|---|
| datus/-a/-um eram | *ich war gegeben worden* |
| datus/-a/-um erās | *du warst gegeben worden* |
| datus/-a/-um erat | *er/sie/es war gegeben worden* |
| datī/-ae/-a erāmus | *wir waren gegeben worden* |
| datī/-ae/-a erātis | *ihr wart gegeben worden* |
| datī/-ae/-a erant | *sie waren gegeben worden* |

### Konjunktiv Plusquamperfekt

| | |
|---|---|
| datus/-a/-um essem | *ich wäre gegeben worden* |
| datus/-a/-um essēs | *du wärest gegeben worden* |
| datus/-a/-um esset | *er/sie/es wäre gegeben worden* |
| datī/-ae/-a essēmus | *wir wären gegeben worden* |
| datī/-ae/-a essētis | *ihr wäret gegeben worden* |
| datī/-ae/-a essent | *sie wären gegeben worden* |

### Futur II

| | |
|---|---|
| datus/-a/-um erō | *ich werde gegeben worden sein* |
| datus/-a/-um eris | *du wirst gegeben worden sein* |
| datus/-a/-um erit | *er/sie/es wird gegeben worden sein* |
| datī/-ae/-a erimus | *wir werden gegeben worden sein* |
| datī/-ae/-a eritis | *ihr werdet gegeben worden sein* |
| datī/-ae/-a erunt | *sie werden gegeben worden sein* |

## Nominalformen des Partizipialstamms

### Infinitiv Perfekt

datum/-am/-um esse – *gegeben worden sein*

### Partizip Perfekt

datus/-a/-um – *einer/eine/eines, der/die/das gegeben worden ist*

# Deponens der a-Konjugation

## Personalformen des Präsensstamms

### Indikativ Präsens

| | |
|---|---|
| hortor | *ich ermahne* |
| hortāris | *du ermahnst* |
| hortātur | *er ermahnt* |
| hortāmur | *wir ermahnen* |
| hortāminī | *ihr ermahnt* |
| hortantur | *sie ermahnen* |

### Konjunktiv Präsens

| | |
|---|---|
| hort**ē**r | *ich möge ermahnen* |
| hort**ē**ris | *du mögest ermahnen* |
| hort**ē**tur | *er möge ermahnen* |
| hort**ē**mur | *wir mögen ermahnen* |
| hort**ē**minī | *ihr möget ermahnen* |
| hort**e**ntur | *sie mögen ermahnen* |

### Indikativ Imperfekt

| | |
|---|---|
| hortā**ba**r | *ich ermahnte* |
| hortā**bā**ris | *du ermahntest* |
| hortā**bā**tur | *er ermahnte* |
| hortā**bā**mur | *wir ermahnten* |
| hortā**bā**minī | *ihr ermahntet* |
| hortā**ba**ntur | *sie ermahnten* |

### Konjunktiv Imperfekt

| | |
|---|---|
| hortā**re**r | *ich würde ermahnen* |
| hortā**rē**ris | *du würdest ermahnen* |
| hortā**rē**tur | *er würde ermahnen* |
| hortā**rē**mur | *wir würden ermahnen* |
| hortā**rē**minī | *ihr würdet ermahnen* |
| hortā**re**ntur | *sie würden ermahnen* |

### Futur I

| | |
|---|---|
| hortā**bo**r | *ich werde ermahnen* |
| hortā**be**ris | *du wirst ermahnen* |
| hortā**bi**tur | *er wird ermahnen* |
| hortā**bi**mur | *wir werden ermahnen* |
| hortā**bi**minī | *ihr werdet ermahnen* |
| hortā**bu**ntur | *sie werden ermahnen* |

### Imperativ I

| | |
|---|---|
| hortāre | *ermahne!* |
| hortāminī | *ermahnt!* |

### Imperativ II

| | |
|---|---|
| hortātor | *du sollst ermahnen!* |
| hortātor | *er/sie/es soll ermahnen!* |
| – | |
| hortantor | *sie sollen ermahnen!* |

## Nominalformen des Präsens- und Pratizipialstamms

### Infinitiv Präsens

hortārī – *ermahnen*

### Infinitiv Futur

hortātūrum/-am/-um esse – *im Begriff sein zu ermahnen*

### Partizip Präsens

hortāns, hortantis – *ermahnend; einer/eine/eins, der/die/das ermahnt*

### Partizip Futur

hortātūrus/-a/-um – *einer/eine/eins, der/die/das ermahnen wird*

### Gerund und Gerundiv

–, hortandī usw. – *des Ermahnens* usw.; hortandus/-a/-um – *einer/eine/eins, der/die/das ermahnt wird/werden muss*

## Personalformen des Partizipialstamms

### Indikativ Perfekt

| | |
|---|---|
| hortātus/-a/-um sum | *ich habe ermahnt* |
| hortātus/-a/-um es | *du hast ermahnt* |
| hortātus/-a/-um est | *er/sie/es hat ermahnt* |
| hortātī/-ae/-a sumus | *wir haben ermahnt* |
| hortātī/-ae/-a estis | *ihr habt ermahnt* |
| hortātī/-ae/-a sunt | *sie haben ermahnt* |

### Indikativ Plusquamperfekt

| | |
|---|---|
| hortātus/-a/-um eram | *ich hatte ermahnt* |
| hortātus/-a/-um erās | *du hattest ermahnt* |
| hortātus/-a/-um erat | *er/sie/es hatte ermahnt* |
| hortātī/-ae/-a erāmus | *wir hatten ermahnt* |
| hortātī/-ae/-a erātis | *ihr hattet ermahnt* |
| hortātī/-ae/-a erant | *sie hatten ermahnt* |

### Futur II

| | |
|---|---|
| hortātus/-a/-um erō | *ich werde ermahnt haben* |
| hortātus/-a/-um eris | *du wirst ermahnt haben* |
| hortātus/-a/-um erit | *er/sie/es wird ermahnt haben* |
| hortātī/-ae/-a erimus | *wir werden ermahnt haben* |
| hortātī/-ae/-a eritis | *ihr werdet ermahnt haben* |
| hortātī/-ae/-a erunt | *sie werden ermahnt haben* |

### Konjunktiv Perfekt

| | |
|---|---|
| hortātus/-a/-um sim | *ich habe ermahnt* |
| hortātus/-a/-um sīs | *du habest ermahnt* |
| hortātus/-a/-um sit | *er/sie/es habe ermahnt* |
| hortātī/-ae/-a sīmus | *wir haben ermahnt* |
| hortātī/-ae/-a sītis | *ihr habet ermahnt* |
| hortātī/-ae/-a sint | *sie haben ermahnt* |

### Konjunktiv Plusquamperfekt

| | |
|---|---|
| hortātus/-a/-um essem | *ich hätte ermahnt* |
| hortātus/-a/-um essēs | *du hättest ermahnt* |
| hortātus/-a/-um esset | *er/sie/es hätte ermahnt* |
| hortātī/-ae/-a essēmus | *wir hätten ermahnt* |
| hortātī/-ae/-a essētis | *ihr hättet ermahnt* |
| hortātī/-ae/-a essent | *sie hätten ermahnt* |

## Nominalformen des Partizipialstamms

### Infinitiv Perfekt

hortātum/-am/-um esse – *ermahnt haben*

### Partizip Perfekt

hortātus/-a/-um – *einer/eine/eins, der/die/das ermahnt hat*

# e-Konjugation



## Personalformen des Präsensstamms

### Indikativ Präsens

| | |
|---|---|
| moneō | *ich ermahne* |
| monēs | *du ermahnst* |
| monet | *er/sie/es ermahnt* |
| monēmus | *wir ermahnen* |
| monētis | *ihr ermahnt* |
| monent | *sie ermahnen* |

### Konjunktiv Präsens

| | |
|---|---|
| mone**a**m | *ich möge ermahnen* |
| mone**ā**s | *du mögest ermahnen* |
| mone**a**t | *er/sie/es möge ermahnen* |
| mone**ā**mus | *wir mögen ermahnen* |
| mone**ā**tis | *ihr möget ermahnen* |
| mone**a**nt | *sie mögen ermahnen* |

### Indikativ Imperfekt

| | |
|---|---|
| monē**ba**m | *ich ermahnte* |
| monē**bā**s | *du ermahntest* |
| monē**ba**t | *er/sie/es ermahnte* |
| monē**bā**mus | *wir ermahnten* |
| monē**bā**tis | *ihr ermahntet* |
| monē**ba**nt | *sie ermahnten* |

### Konjunktiv Imperfekt

| | |
|---|---|
| monē**re**m | *ich würde ermahnen* |
| monē**rē**s | *du würdest ermahnen* |
| monē**re**t | *er/sie/es würde ermahnen* |
| monē**rē**mus | *wir würden ermahnen* |
| monē**rē**tis | *ihr würdet ermahnen* |
| monē**re**nt | *sie würden ermahnen* |

### Futur I

| | |
|---|---|
| monē**b**ō | *ich werde ermahnen* |
| monē**bi**s | *du wirst ermahnen* |
| monē**bi**t | *er/sie/es wird ermahnen* |
| monē**bi**mus | *wir werden ermahnen* |
| monē**bi**tis | *ihr werdet ermahnen* |
| monē**bu**nt | *sie werden ermahnen* |

### Imperativ I

| | |
|---|---|
| monē | *ermahne!* |
| monēte | *ermahnt!* |

### Imperativ II

| | |
|---|---|
| monētō | *du sollst ermahnen!* |
| monētō | *er/sie/es soll ermahnen!* |
| monētōte | *ihr sollt ermahnen!* |
| monentō | *sie sollen ermahnen!* |

## Nominalformen des Präsens- und Partizipialstamms

### Infinitiv Präsens

monēre – *ermahnen*

### Infinitiv Futur

monitūrum/-am/-um esse – *im Begriff sein zu ermahnen*

### Partizip Präsens

monēns, monentis – *ermahnend; einer/eine/eins, der/die/das ermahnt*

### Partizip Futur

monitūrus/-a/-um – *einer/eine/eins, der/die/das ermahnen wird*

### Gerund

–, monendī, monendō, ad monendum, monendō – *das Ermahnen, des Ermahnens, dem Ermahnen* usw.

## Personalformen des Präsensstamms

### Indikativ Präsens

| | |
|---|---|
| moneor | *ich werde ermahnt* |
| monēris | *du wirst ermahnt* |
| monētur | *er/sie/es wird ermahnt* |
| monēmur | *wir werden ermahnt* |
| monēminī | *ihr werdet ermahnt* |
| monentur | *sie werden ermahnt* |

### Indikativ Imperfekt

| | |
|---|---|
| monē**ba**r | *ich wurde ermahnt* |
| monē**bā**ris | *du wurdest ermahnt* |
| monē**bā**tur | *er/sie/es wurde ermahnt* |
| monē**bā**mur | *wir wurden ermahnt* |
| monē**bā**minī | *ihr wurdet ermahnt* |
| monē**ba**ntur | *sie wurden ermahnt* |

### Futur I

| | |
|---|---|
| monē**bo**r | *ich werde ermahnt werden* |
| monē**be**ris | *du wirst ermahnt werden* |
| monē**bi**tur | *er/sie/es wird ermahnt werden* |
| monē**bi**mur | *wir werden ermahnt werden* |
| monē**bi**minī | *ihr werdet ermahnt werden* |
| monē**bu**ntur | *sie werden ermahnt werden* |

### Konjunktiv Präsens

| | |
|---|---|
| mone**a**r | *ich möge ermahnt werden* |
| mone**ā**ris | *du mögest ermahnt werden* |
| mone**ā**tur | *er/sie/es möge ermahnt werden* |
| mone**ā**mur | *wir mögen ermahnt werden* |
| mone**ā**minī | *ihr möget ermahnt werden* |
| mone**a**ntur | *sie mögen ermahnt werden* |

### Konjunktiv Imperfekt

| | |
|---|---|
| monē**re**r | *ich würde ermahnt werden* |
| monē**rē**ris | *du würdest ermahnt werden* |
| monē**rē**tur | *er/sie/es würde ermahnt werden* |
| monē**rē**mur | *wir würden ermahnt werden* |
| monē**rē**minī | *ihr würdet ermahnt werden* |
| monē**re**ntur | *sie würden ermahnt werden* |

## Nominalformen des Präsens- und Partizipialstamms

### Infinitiv Präsens

monērī – *ermahnt werden*

### Infinitiv Futur

monitum īrī – *in Zukunft ermahnt werden*

### Gerundiv

monendus/-a/-um – *einer/eine/eins, der/die/das ermahnt wird/werden muss*

## Personalformen des Perfektstamms

### Indikativ Perfekt

| | |
|---|---|
| monuī | *ich habe ermahnt* |
| monuistī | *du hast ermahnt* |
| monuit | *er/sie/es hat ermahnt* |
| monuimus | *wir haben ermahnt* |
| monuistis | *ihr habt ermahnt* |
| monuērunt | *sie haben ermahnt* |

### Indikativ Plusquamperfekt

| | |
|---|---|
| monueram | *ich hatte ermahnt* |
| monuerās | *du hattest ermahnt* |
| monuerat | *er/sie/es hatte ermahnt* |
| monuerāmus | *wir hatten ermahnt* |
| monuerātis | *ihr hattet ermahnt* |
| monuerant | *sie hatten ermahnt* |

### Futur II

| | |
|---|---|
| monuerō | *ich werde ermahnt haben* |
| monueris | *du wirst ermahnt haben* |
| monuerit | *er/sie/es wird ermahnt haben* |
| monuerimus | *wir werden ermahnt haben* |
| monueritis | *ihr werdet ermahnt haben* |
| monuerint | *sie werden ermahnt haben* |

### Konjunktiv Perfekt

| | |
|---|---|
| monuerim | *ich habe ermahnt* |
| monueris | *du habest ermahnt* |
| monuerit | *er/sie/es habe ermahnt* |
| monuerimus | *wir haben ermahnt* |
| monueritis | *ihr habet ermahnt* |
| monuerint | *sie haben ermahnt* |

### Konjunktiv Plusquamperfekt

| | |
|---|---|
| monuissem | *ich hätte ermahnt* |
| monuissēs | *du hättest ermahnt* |
| monuisset | *er/sie/es hätte ermahnt* |
| monuissēmus | *wir hätten ermahnt* |
| monuissētis | *ihr hättet ermahnt* |
| monuissent | *sie hätten ermahnt* |

## Nominalformen des Perfektstamms

### Infinitiv Perfekt

monuisse – *ermahnt haben*

## Personalformen des Partizipialstamms

### Indikativ Perfekt

| | |
|---|---|
| monitus/-a/-um sum | *ich bin ermahnt worden* |
| monitus/-a/-um es | *du bist ermahnt worden* |
| monitus/-a/-um est | *er/sie/es ist ermahnt worden* |
| monitī/-ae/-a sumus | *wir sind ermahnt worden* |
| monitī/-ae/-a estis | *ihr seid ermahnt worden* |
| monitī/-ae/-a sunt | *sie sind ermahnt worden* |

### Indikativ Plusquamperfekt

| | |
|---|---|
| monitus/-a/-um eram | *ich war ermahnt worden* |
| monitus/-a/-um erās | *du warst ermahnt worden* |
| monitus/-a/-um erat | *er/sie/es war ermahnt worden* |
| monitī/-ae/-a erāmus | *wir waren ermahnt worden* |
| monitī/-ae/-a erātis | *ihr wart ermahnt worden* |
| monitī/-ae/-a erant | *sie waren ermahnt worden* |

### Futur II

| | |
|---|---|
| monitus/-a/-um erō | *ich werde ermahnt worden sein* |
| monitus/-a/-um eris | *du wirst ermahnt worden sein* |
| monitus/-a/-um erit | *er/sie/es wird ermahnt worden sein* |
| monitī/-ae/-a erimus | *wir werden ermahnt worden sein* |
| monitī/-ae/-a eritis | *ihr werdet ermahnt worden sein* |
| monitī/-ae/-a erunt | *sie werden ermahnt worden sein* |

### Konjunktiv Perfekt

| | |
|---|---|
| monitus/-a/-um sim | *ich sei ermahnt worden* |
| monitus/-a/-um sīs | *du seist ermahnt worden* |
| monitus/-a/-um sit | *er/sie/es sei ermahnt worden* |
| monitī/-ae/-a sīmus | *wir seien ermahnt worden* |
| monitī/-ae/-a sītis | *ihr seiet ermahnt worden* |
| monitī/-ae/-a sint | *sie seien ermahnt worden* |

### Konjunktiv Plusquamperfekt

| | |
|---|---|
| monitus/-a/-um essem | *ich wäre ermahnt worden* |
| monitus/-a/-um essēs | *du wärest ermahnt worden* |
| monitus/-a/-um esset | *er/sie/es wäre ermahnt worden* |
| monitī/-ae/-a essēmus | *wir wären ermahnt worden* |
| monitī/-ae/-a essētis | *ihr wäret ermahnt worden* |
| monitī/-ae/-a essent | *sie wären ermahnt worden* |

## Nominalformen des Partizipialstamms

### Infinitiv Perfekt

monitum/-am/-um esse – *ermahnt worden sein*

### Partizip Perfekt

monitus/-a/-um – *ermahnt; einer/eine/eins, der/die/das ermahnt worden ist*

## Personalformen des Präsensstamms

### Indikativ Präsens

| | |
|---|---|
| videō | *ich sehe* |
| vidēs | *du siehst* |
| videt | *er/sie/es sieht* |
| vidēmus | *wir sehen* |
| vidētis | *ihr seht* |
| vident | *sie sehen* |

### Indikativ Imperfekt

| | |
|---|---|
| vidē**ba**m | *ich sah* |
| vidē**bā**s | *du sahst* |
| vidē**ba**t | *er/sie/es sah* |
| vidē**bā**mus | *wir sahen* |
| vidē**bā**tis | *ihr saht* |
| vidē**ba**nt | *sie sahen* |

### Futur I

| | |
|---|---|
| vidē**bō** | *ich werde sehen* |
| vidē**bi**s | *du wirst sehen* |
| vidē**bi**t | *er/sie/es wird sehen* |
| vidē**bi**mus | *wir werden sehen* |
| vidē**bi**tis | *ihr werdet sehen* |
| vidē**bu**nt | *sie werden sehen* |

### Konjunktiv Präsens

| | |
|---|---|
| vide**a**m | *ich möge sehen* |
| vide**ā**s | *du mögest sehen* |
| vide**a**t | *er/sie/es möge sehen* |
| vide**ā**mus | *wir mögen sehen* |
| vide**ā**tis | *ihr möget sehen* |
| vide**a**nt | *sie mögen sehen* |

### Konjunktiv Imperfekt

| | |
|---|---|
| vidē**re**m | *ich würde sehen* |
| vidē**rē**s | *du würdest sehen* |
| vidē**re**t | *er/sie/es würde sehen* |
| vidē**rē**mus | *wir würden sehen* |
| vidē**rē**tis | *ihr würdet sehen* |
| vidē**re**nt | *sie würden sehen* |

### Imperativ I

| | |
|---|---|
| vidē | *sieh!* |
| vidēte | *seht!* |

### Imperativ II

| | |
|---|---|
| vidētō | *du sollst sehen!* |
| vidētō | *er/sie/es soll sehen!* |
| vidētōte | *ihr sollt sehen!* |
| videntō | *sie sollen sehen!* |

## Nominalformen des Präsens- und Partizipialstamms

### Infinitiv Präsens

vidēre - *sehen*

### Infinitiv Futur

vīsūrum/-am/-um esse - *im Begriff sein zu sehen*

### Partizip Präsens

vidēns, videntis - *sehend; einer/eine/eines, der/die/das sieht*

### Partizip Futur

vīsūrus/-a/-um - *einer/eine/eines, der/die/das sehen wird*

### Gerund

-, videndī, videndō, ad videndum, videndō - *des Sehens, dem Sehen* usw.

## Personalformen des Präsensstamms

### Indikativ Präsens

| | |
|---|---|
| videor | *ich werde gesehen* |
| vidēris | *du wirst gesehen* |
| vidētur | *er/sie/es wird gesehen* |
| vidēmur | *wir werden gesehen* |
| vidēminī | *ihr werdet gesehen* |
| videntur | *sie werden gesehen* |

### Indikativ Imperfekt

| | |
|---|---|
| vidē**ba**r | *ich wurde gesehen* |
| vidē**bā**ris | *du wurdest gesehen* |
| vidē**bā**tur | *er/sie/es wurde gesehen* |
| vidē**bā**mur | *wir wurden gesehen* |
| vidē**bā**minī | *ihr wurdet gesehen* |
| vidē**ba**ntur | *sie wurden gesehen* |

### Futur I

| | |
|---|---|
| vidē**bo**r | *ich werde gesehen werden* |
| vidē**be**ris | *du wirst gesehen werden* |
| vidē**bi**tur | *er/sie/es wird gesehen werden* |
| vidē**bi**mur | *wir werden gesehen werden* |
| vidē**bi**minī | *ihr werdet gesehen werden* |
| vidē**bu**ntur | *sie werden gesehen werden* |

### Konjunktiv Präsens

| | |
|---|---|
| vide**a**r | *ich möge gesehen werden* |
| vide**ā**ris | *du mögest gesehen werden* |
| vide**ā**tur | *er/sie/es möge gesehen werden* |
| vide**ā**mur | *wir mögen gesehen werden* |
| vide**ā**minī | *ihr möget gesehen werden* |
| vide**a**ntur | *sie mögen gesehen werden* |

### Konjunktiv Imperfekt

| | |
|---|---|
| vidē**re**r | *ich würde gesehen werden* |
| vidē**rē**ris | *du würdest gesehen werden* |
| vidē**rē**tur | *er/sie/es würde gesehen werden* |
| vidē**rē**mur | *wir würden gesehen werden* |
| vidē**rē**minī | *ihr würdet gesehen werden* |
| vidē**re**ntur | *sie würden gesehen werden* |

## Nominalformen des Präsens- und Partizipialstamms

### Infinitiv Präsens

vidērī – *gesehen werden*

### Infinitiv Futur

vīsum īrī – *in Zukunft gesehen werden*

### Gerundiv

videndus/-a/-um – *einer/eine/eines, der/die/das gesehen werden muss*

## Personalformen des Perfektstamms

### Indikativ Perfekt

| | |
|---|---|
| vīdī | *ich habe gesehen* |
| vīdistī | *du hast gesehen* |
| vīdit | *er/sie/es hat gesehen* |
| vīdimus | *wir haben gesehen* |
| vīdistis | *ihr habt gesehen* |
| vīdērunt | *sie haben gesehen* |

### Indikativ Plusquamperfekt

| | |
|---|---|
| vīderam | *ich hatte gesehen* |
| vīderās | *du hattest gesehen* |
| vīderat | *er/sie/es hatte gesehen* |
| vīderāmus | *wir hatten gesehen* |
| vīderātis | *ihr hattet gesehen* |
| vīderant | *sie hatten gesehen* |

### Futur II

| | |
|---|---|
| vīderō | *ich werde gesehen haben* |
| vīderis | *du wirst gesehen haben* |
| vīderit | *er/sie/es wird gesehen haben* |
| vīderimus | *wir werden gesehen haben* |
| vīderitis | *ihr werdet gesehen haben* |
| vīderint | *sie werden gesehen haben* |

### Konjunktiv Perfekt

| | |
|---|---|
| vīderim | *ich habe gesehen* |
| vīderis | *du habest gesehen* |
| vīderit | *er/sie/es habe gesehen* |
| vīderimus | *wir haben gesehen* |
| vīderitis | *ihr habet gesehen* |
| vīderint | *sie haben gesehen* |

### Konjunktiv Plusquamperfekt

| | |
|---|---|
| vīdissem | *ich hätte gesehen* |
| vīdissēs | *du hättest gesehen* |
| vīdisset | *er/sie/es hätte gesehen* |
| vīdissēmus | *wir hätten gesehen* |
| vīdissētis | *ihr hättet gesehen* |
| vīdissent | *sie hätten gesehen* |

## Nominalformen des Perfektstamms

### Infinitiv Perfekt

vīdisse – *gesehen haben*

## Personalformen des Partizipialstamms

### Indikativ Perfekt

| | |
|---|---|
| vīsus/-a/-um sum | *ich bin gesehen worden* |
| vīsus/-a/-um es | *du bist gesehen worden* |
| vīsus/-a/-um est | *er/sie/es ist gesehen worden* |
| vīsī/-ae/-a sumus | *wir sind gesehen worden* |
| vīsī/-ae/-a estis | *ihr seid gesehen worden* |
| vīsī/-ae/-a sunt | *sie sind gesehen worden* |

### Indikativ Plusquamperfekt

| | |
|---|---|
| vīsus/-a/-um eram | *ich war gesehen worden* |
| vīsus/-a/-um erās | *du warst gesehen worden* |
| vīsus/-a/-um erat | *er/sie/es war gesehen worden* |
| vīsī/-ae/-a erāmus | *wir waren gesehen worden* |
| vīsī/-ae/-a erātis | *ihr wart gesehen worden* |
| vīsī/-ae/-a erant | *sie waren gesehen worden* |

### Futur II

| | |
|---|---|
| vīsus/-a/-um erō | *ich werde gesehen worden sein* |
| vīsus/-a/-um eris | *du wirst gesehen worden sein* |
| vīsus/-a/-um erit | *er/sie/es wird gesehen worden sein* |
| vīsī/-ae/-a erimus | *wir werden gesehen worden sein* |
| vīsī/-ae/-a eritis | *ihr werdet gesehen worden sein* |
| vīsī/-ae/-a erunt | *sie werden gesehen worden sein* |

### Konjunktiv Perfekt

| | |
|---|---|
| vīsus/-a/-um sim | *ich sei gesehen worden* |
| vīsus/-a/-um sīs | *du seiest gesehen worden* |
| vīsus/-a/-um sit | *er/sie/es sei gesehen worden* |
| vīsī/-ae/-a sīmus | *wir seien gesehen worden* |
| vīsī/-ae/-a sītis | *ihr seiet gesehen worden* |
| vīsī/-ae/-a sint | *sie seien gesehen worden* |

### Konjunktiv Plusquamperfekt

| | |
|---|---|
| vīsus/-a/-um essem | *ich wäre gesehen worden* |
| vīsus/-a/-um essēs | *du wärest gesehen worden* |
| vīsus/-a/-um esset | *er/sie/es wäre gesehen worden* |
| vīsī/-ae/-a essēmus | *wir wären gesehen worden* |
| vīsī/-ae/-a essētis | *ihr wäret gesehen worden* |
| vīsī/-ae/-a essent | *sie wären gesehen worden* |

## Nominalformen des Partizipialstamms

### Infinitiv Perfekt

vīsum/-am/-um esse – *gesehen worden sein*

### Partizip Perfekt

vīsus/-a/-um – *einer/eine/eines, der/die/das gesehen worden ist*

# Deponens der e-Konjugation

## Personalformen des Präsensstamms

### Indikativ Präsens

| | |
|---|---|
| vereor | *ich fürchte* |
| verēris | *du fürchtest* |
| verētur | *er/sie/es fürchtet* |
| verēmur | *wir fürchten* |
| verēminī | *ihr fürchtet* |
| verentur | *sie fürchten* |

### Indikativ Imperfekt

| | |
|---|---|
| verē**ba**r | *ich fürchtete* |
| verē**bā**ris | *du fürchtetest* |
| verē**bā**tur | *er/sie/es fürchtete* |
| verē**bā**mur | *wir fürchteten* |
| verē**bā**minī | *ihr fürchtetet* |
| verē**ba**ntur | *sie fürchteten* |

### Futur I

| | |
|---|---|
| verē**bo**r | *ich werde fürchten* |
| verē**be**ris | *du wirst fürchten* |
| verē**bi**tur | *er/sie/es wird fürchten* |
| verē**bi**mur | *wir werden fürchten* |
| verē**bi**minī | *ihr werdet fürchten* |
| verē**bu**ntur | *sie werden fürchten* |

### Konjunktiv Präsens

| | |
|---|---|
| vere**a**r | *ich möge fürchten* |
| vere**ā**ris | *du mögest fürchten* |
| vere**ā**tur | *er/sie/es möge fürchten* |
| vere**ā**mur | *wir mögen fürchten* |
| vere**ā**minī | *ihr möget fürchten* |
| vere**a**ntur | *sie mögen fürchten* |

### Konjunktiv Imperfekt

| | |
|---|---|
| verē**re**r | *ich würde fürchten* |
| verē**rē**ris | *du würdest fürchten* |
| verē**rē**tur | *er/sie/es würde fürchten* |
| verē**rē**mur | *wir würden fürchten* |
| verē**rē**minī | *ihr würdet fürchten* |
| verē**re**ntur | *sie würden fürchten* |

### Imperativ I

| | |
|---|---|
| verēre | *fürchte!* |
| verēminī | *fürchtet!* |

### Imperativ II

| | |
|---|---|
| verētor | *du sollst fürchten!* |
| verētor | *er/sie/es soll fürchten!* |
| – | |
| verentor | *sie sollen fürchten!* |

## Nominalformen des Präsens- und Partizipialstamms

### Infinitiv Präsens

verērī – *fürchten*

### Infinitiv Futur

veritūrum/-am /-um esse – *im Begriff sein zu fürchten*

### Partizip Präsens

verēns, verentis – *fürchtend; einer/eine/eins, der/die/das fürchtet*

### Partizip Futur

veritūrus/-a/-um – *einer/eine/eins, der/die/das fürchten wird*

### Gerund und Gerundiv

–, verendī usw. – *des Fürchtens usw.*; verendus/-a/-um – *einer/eine/eins, der/die/das gefürchtet wird/werden muss*

# Deponens der e-Konjugation

## Personalformen des Partizipialstamms

### Indikativ Perfekt

| | |
|---|---|
| veritus/-a/-um sum | *ich habe gefürchtet* |
| veritus/-a/-um es | *du hast gefürchtet* |
| veritus/-a/-um est | *er/sie/es hat gefürchtet* |
| veritī/-ae/-a sumus | *wir haben gefürchtet* |
| veritī/-ae/-a estis | *ihr habt gefürchtet* |
| veritī/-ae/-a sunt | *sie haben gefürchtet* |

### Konjunktiv Perfekt

| | |
|---|---|
| veritus/-a/-um sim | *ich habe gefürchtet* |
| veritus/-a/-um sīs | *du habest gefürchtet* |
| veritus/-a/-um sit | *er/sie/es habe gefürchtet* |
| veritī/-ae/-a sīmus | *wir haben gefürchtet* |
| veritī/-ae/-a sītis | *ihr habet gefürchtet* |
| veritī/-ae/-a sint | *sie haben gefürchtet* |

### Indikativ Plusquamperfekt

| | |
|---|---|
| veritus/-a/-um eram | *ich hatte gefürchtet* |
| veritus/-a/-um erās | *du hattest gefürchtet* |
| veritus/-a/-um erat | *er/sie/es hatte gefürchtet* |
| veritī/-ae/-a erāmus | *wir hatten gefürchtet* |
| veritī/-ae/-a erātis | *ihr hattet gefürchtet* |
| veritī/-ae/-a erant | *sie hatten gefürchtet* |

### Konjunktiv Plusquamperfekt

| | |
|---|---|
| veritus/-a/-um essem | *ich hätte gefürchtet* |
| veritus/-a/-um essēs | *du hättest gefürchtet* |
| veritus/-a/-um esset | *er/sie/es hätte gefürchtet* |
| veritī/-ae/-a essēmus | *wir hätten gefürchtet* |
| veritī/-ae/-a essētis | *ihr hättet gefürchtet* |
| veritī/-ae/-a essent | *sie hätten gefürchtet* |

### Futur II

| | |
|---|---|
| veritus/-a/-um erō | *ich werde gefürchtet haben* |
| veritus/-a/-um eris | *du wirst gefürchtet haben* |
| veritus/-a/-um erit | *er/sie/es wird gefürchtet haben* |
| veritī/-ae/-a erimus | *wir werden gefürchtet haben* |
| veritī/-ae/-a eritis | *ihr werdet gefürchtet haben* |
| veritī/-ae/-a erunt | *sie werden gefürchtet haben* |

## Nominalformen des Partizipialstamms

### Infinitiv Perfekt

veritum/-am/-um esse – *gefürchtet haben*

### Partizip Perfekt

veritus/-a/-um – *einer/eine/eins, der/die/das gefürchtet hat*

## Personalformen des Präsensstamms

### Indikativ Präsens

| | |
|---|---|
| audiō | *ich höre* |
| audīs | *du hörst* |
| audit | *er/sie/es hört* |
| audīmus | *wir hören* |
| audītis | *ihr hört* |
| audiunt | *sie hören* |

### Indikativ Imperfekt

| | |
|---|---|
| audi**ēba**m | *ich hörte* |
| audi**ēbā**s | *du hörtest* |
| audi**ēba**t | *er/sie/es hörte* |
| audi**ēbā**mus | *wir hörten* |
| audi**ēbā**tis | *ihr hörtet* |
| audi**ēba**nt | *sie hörten* |

### Futur I

| | |
|---|---|
| audi**a**m | *ich werde hören* |
| audi**ē**s | *du wirst hören* |
| audi**e**t | *er/sie/es wird hören* |
| audi**ē**mus | *wir werden hören* |
| audi**ē**tis | *ihr werdet hören* |
| audi**e**nt | *sie werden hören* |

### Konjunktiv Präsens

| | |
|---|---|
| audi**a**m | *ich möge hören* |
| audi**ā**s | *du mögest hören* |
| audi**a**t | *er/sie/es möge hören* |
| audi**ā**mus | *wir mögen hören* |
| audi**ā**tis | *ihr möget hören* |
| audi**a**nt | *sie mögen hören* |

### Konjunktiv Imperfekt

| | |
|---|---|
| audī**re**m | *ich würde hören* |
| audī**rē**s | *du würdest hören* |
| audī**re**t | *er/sie/es würde hören* |
| audī**rē**mus | *wir würden hören* |
| audī**rē**tis | *ihr würdet hören* |
| audī**re**nt | *sie würden hören* |

### Imperativ I

| | |
|---|---|
| audī | *höre!* |
| audīte | *hört!* |

### Imperativ II

| | |
|---|---|
| audītō | *du sollst hören!* |
| audītō | *er/sie/es soll hören!* |
| audītōte | *ihr sollt hören!* |
| audiuntō | *sie sollen hören!* |

## Nominalformen des Präsens- und Partizipialstamms

### Infinitiv Präsens

audīre – *hören*

### Infinitiv Futur

audītūrum/-am/-um esse – *im Begriff sein zu hören*

### Partizip Präsens

audiēns, audientis – *hörend; einer/eine/eins, der/die/das hört*

### Partizip Futur

audītūrus/-a/-um – *einer/eine/eins, der/die/das hören wird*

### Gerund

–, audiendī, audiendō, ad audiendum, audiendō – *des Hörens, des Hörens, dem Hören usw.*

## Personalformen des Präsensstamms

### Indikativ Präsens

| | |
|---|---|
| audior | *ich werde gehört* |
| audīris | *du wirst gehört* |
| audītur | *er/sie/es wird gehört* |
| audīmur | *wir werden gehört* |
| audīminī | *ihr werdet gehört* |
| audiuntur | *sie werden gehört* |

### Konjunktiv Präsens

| | |
|---|---|
| audi**a**r | *ich möge gehört werden* |
| audi**ā**ris | *du mögest gehört werden* |
| audi**ā**tur | *er/sie/es möge gehört werden* |
| audi**ā**mur | *wir mögen gehört werden* |
| audi**ā**minī | *ihr möget gehört werden* |
| audi**a**ntur | *sie mögen gehört werden* |

### Indikativ Imperfekt

| | |
|---|---|
| audi**ēba**r | *ich wurde gehört* |
| audi**ēbā**ris | *du wurdest gehört* |
| audi**ēbā**tur | *er/sie/es wurde gehört* |
| audi**ēbā**mur | *wir wurden gehört* |
| audi**ēbā**minī | *ihr wurdet gehört* |
| audi**ēba**ntur | *sie wurden gehört* |

### Konjunktiv Imperfekt

| | |
|---|---|
| audī**re**r | *ich würde gehört werden* |
| audī**rē**ris | *du würdest gehört werden* |
| audī**rē**tur | *er/sie/es würde gehört werden* |
| audī**rē**mur | *wir würden gehört werden* |
| audī**rē**minī | *ihr würdet gehört werden* |
| audī**re**ntur | *sie würden gehört werden* |

### Futur I

| | |
|---|---|
| audi**a**r | *ich werde gehört werden* |
| audi**ē**ris | *du wirst gehört werden* |
| audi**ē**tur | *er/sie/es wird gehört werden* |
| audi**ē**mur | *wir werden gehört werden* |
| audi**ē**minī | *ihr werdet gehört werden* |
| audi**e**ntur | *sie werden gehört werden* |

## Nominalformen des Präsens- und Partizipialstamms

### Infinitiv Präsens

audīrī – *gehört werden*

### Infinitiv Futur

audītum īrī – *in Zukunft gehört werden*

### Gerundiv

audiendus/-a/-um – *hörenswert; einer/eine/eins, der/die/das gehört wird/werden muss*

## Personalformen des Perfektstamms

### Indikativ Perfekt

| | |
|---|---|
| audīvī | *ich habe gehört* |
| audīvistī | *du hast gehört* |
| audīvit | *er/sie/es hat gehört* |
| audīvimus | *wir haben gehört* |
| audīvistis | *ihr habt gehört* |
| audīvērunt | *sie haben gehört* |

### Indikativ Plusquamperfekt

| | |
|---|---|
| audīveram | *ich hatte gehört* |
| audīverās | *du hattest gehört* |
| audīverat | *er/sie/es hatte gehört* |
| audīverāmus | *wir hatten gehört* |
| audīverātis | *ihr hattet gehört* |
| audīverant | *sie hatten gehört* |

### Futur II

| | |
|---|---|
| audīverō | *ich werde gehört haben* |
| audīveris | *du wirst gehört haben* |
| audīverit | *er/sie/es wird gehört haben* |
| audīverimus | *wir werden gehört haben* |
| audīveritis | *ihr werdet gehört haben* |
| audīverint | *sie werden gehört haben* |

### Konjunktiv Perfekt

| | |
|---|---|
| audīverim | *ich habe gehört* |
| audīveris | *du habest gehört* |
| audīverit | *er/sie/es habe gehört* |
| audīverimus | *wir haben gehört* |
| audīveritis | *ihr habet gehört* |
| audīverint | *sie haben gehört* |

### Konjunktiv Plusquamperfekt

| | |
|---|---|
| audīvissem | *ich hätte gehört* |
| audīvissēs | *du hättest gehört* |
| audīvisset | *er/sie/es hätte gehört* |
| audīvissēmus | *wir hätten gehört* |
| audīvissētis | *ihr hättet gehört* |
| audīvissent | *sie hätten gehört* |

## Nominalformen des Perfektstamms

### Infinitiv Perfekt

audīvisse – *gehört haben*

## Personalformen des Partizipialstamms

### Indikativ Perfekt

| | |
|---|---|
| audītus/-a/-um sum | *ich bin gehört worden* |
| audītus/-a/-um es | *du bist gehört worden* |
| audītus/-a/-um est | *er/sie/es ist gehört worden* |
| audītī/-ae/-a sumus | *wir sind gehört worden* |
| audītī/-ae/-a estis | *ihr seid gehört worden* |
| audītī/-ae/-a sunt | *sie sind gehört worden* |

### Konjunktiv Perfekt

| | |
|---|---|
| audītus/-a/-um sim | *ich sei gehört worden* |
| audītus/-a/-um sīs | *du seist gehört worden* |
| audītus/-a/-um sit | *er/sie/es sei gehört worden* |
| audītī/-ae/-a sīmus | *wir seien gehört worden* |
| audītī/-ae/-a sītis | *ihr seiet gehört worden* |
| audītī/-ae/-a sint | *sie seien gehört worden* |

### Indikativ Plusquamperfekt

| | |
|---|---|
| audītus/-a/-um eram | *ich war gehört worden* |
| audītus/-a/-um erās | *du warst gehört worden* |
| audītus/-a/-um erat | *er/sie/es war gehört worden* |
| audītī/-ae/-a erāmus | *wir waren gehört worden* |
| audītī/-ae/-a erātis | *ihr wart gehört worden* |
| audītī/-ae/-a erant | *sie waren gehört worden* |

### Konjunktiv Plusquamperfekt

| | |
|---|---|
| audītus/-a/-um essem | *ich wäre gehört worden* |
| audītus/-a/-um essēs | *du wärest gehört worden* |
| audītus/-a/-um esset | *er/sie/es wäre gehört worden* |
| audītī/-ae/-a essēmus | *wir wären gehört worden* |
| audītī/-ae/-a essētis | *ihr wäret gehört worden* |
| audītī/-ae/-a essent | *sie wären gehört worden* |

### Futur II

| | |
|---|---|
| audītus/-a/-um erō | *ich werde gehört worden sein* |
| audītus/-a/-um eris | *du wirst gehört worden sein* |
| audītus/-a/-um erit | *er/sie/es wird gehört worden sein* |
| audītī/-ae/-a erimus | *wir werden gehört worden sein* |
| audītī/-ae/-a eritis | *ihr werdet gehört worden sein* |
| audītī/-ae/-a erunt | *sie werden gehört worden sein* |

## Nominalformen des Partizipialstamms

### Infinitiv Perfekt

audītum/-am/-um esse – *gehört worden sein*

### Partizip Perfekt

audītus/-a/-um – *gehört; einer/eine/eins, der/die/das gehört worden ist*

## Personalformen des Präsensstamms

### Indikativ Präsens

| | |
|---|---|
| vinciō | *ich fessle* |
| vincīs | *du fesselst* |
| vincit | *er/sie/es fesselt* |
| vincīmus | *wir fesseln* |
| vincītis | *ihr fesselt* |
| vinci**u**nt | *sie fesseln* |

### Konjunktiv Präsens

| | |
|---|---|
| vinci**a**m | *ich möge fesseln* |
| vinci**ā**s | *du mögest fesseln* |
| vinci**a**t | *er/sie/es möge fesseln* |
| vinci**ā**mus | *wir mögen fesseln* |
| vinci**ā**tis | *ihr möget fesseln* |
| vinci**a**nt | *sie mögen fesseln* |

### Indikativ Imperfekt

| | |
|---|---|
| vinci**ēba**m | *ich fesselte* |
| vinci**ēbā**s | *du fesseltest* |
| vinci**ēba**t | *er/sie/es fesselte* |
| vinci**ēbā**mus | *wir fesselten* |
| vinci**ēbā**tis | *ihr fesseltet* |
| vinci**ēba**nt | *sie fesselten* |

### Konjunktiv Imperfekt

| | |
|---|---|
| vincī**re**m | *ich würde fesseln* |
| vincī**rē**s | *du würdest fesseln* |
| vincī**re**t | *er/sie/es würde fesseln* |
| vincī**rē**mus | *wir würden fesseln* |
| vincī**rē**tis | *ihr würdet fesseln* |
| vincī**re**nt | *sie würden fesseln* |

### Futur I

| | |
|---|---|
| vinci**a**m | *ich werde fesseln* |
| vinci**ē**s | *du wirst fesseln* |
| vinci**e**t | *er/sie/es wird fesseln* |
| vinci**ē**mus | *wir werden fesseln* |
| vinci**ē**tis | *ihr werdet fesseln* |
| vinci**e**nt | *sie werden fesseln* |

### Imperativ I

| | |
|---|---|
| vincī | *fessle!* |
| vincīte | *fesselt!* |

### Imperativ II

| | |
|---|---|
| vincītō | *du sollst fesseln!* |
| vincītō | *er/sie/es soll fesseln!* |
| vincītōte | *ihr sollt fesseln!* |
| vinci**u**ntō | *sie sollen fesseln!* |

## Nominalformen des Präsens- und Partizipialstamms

### Infinitiv Präsens

vincīre – *fesseln*

### Infinitiv Futur

vīnctūrum/-am/-um esse – *im Begriff sein zu fesseln*

### Partizip Präsens

vinci**ē**ns, vinci**e**ntis – *fesselnd; einer/eine/eines, der/die/das fesselt*

### Partizip Futur

vīnctūrus/-a/-um – *einer/eine/eines, der/die/das fesseln wird*

### Gerund

–, vinci**e**ndī, vinci**e**ndō, ad vinci**e**ndum, vinci**e**ndō – *des Fesselns, dem Fesseln* usw.

## Personalformen des Präsensstamms

### Indikativ Präsens

| | |
|---|---|
| vincior | *ich werde gefesselt* |
| vincīris | *du wirst gefesselt* |
| vincītur | *er/sie/es wird gefesselt* |
| vincīmur | *wir werden gefesselt* |
| vincīminī | *ihr werdet gefesselt* |
| vinci**u**ntur | *sie werden gefesselt* |

### Konjunktiv Präsens

| | |
|---|---|
| vinci**a**r | *ich möge gefesselt werden* |
| vinci**ā**ris | *du mögest gefesselt werden* |
| vinci**ā**tur | *er/sie/es möge gefesselt werden* |
| vinci**ā**mur | *wir mögen gefesselt werden* |
| vinci**ā**minī | *ihr möget gefesselt werden* |
| vinci**a**ntur | *sie mögen gefesselt werden* |

### Indikativ Imperfekt

| | |
|---|---|
| vinci**ēba**r | *ich wurde gefesselt* |
| vinci**ēbā**ris | *du wurdest gefesselt* |
| vinci**ēbā**tur | *er/sie/es wurde gefesselt* |
| vinci**ēbā**mur | *wir wurden gefesselt* |
| vinci**ēbā**minī | *ihr wurdet gefesselt* |
| vinci**ēba**ntur | *sie wurden gefesselt* |

### Konjunktiv Imperfekt

| | |
|---|---|
| vincī**re**r | *ich würde gefesselt werden* |
| vincī**rē**ris | *du würdest gefesselt werden* |
| vincī**rē**tur | *er/sie/es würde gefesselt werden* |
| vincī**rē**mur | *wir würden gefesselt werden* |
| vincī**rē**minī | *ihr würdet gefesselt werden* |
| vincī**re**ntur | *sie würden gefesselt werden* |

### Futur I

| | |
|---|---|
| vinci**a**r | *ich werde gefesselt werden* |
| vinci**ē**ris | *du wirst gefesselt werden* |
| vinc**ē**tur | *er/sie/es wird gefesselt werden* |
| vinci**ē**mur | *wir werden gefesselt werden* |
| vinci**ē**minī | *ihr werdet gefesselt werden* |
| vinci**e**ntur | *sie werden gefesselt werden* |

## Nominalformen des Präsens- und Partizipialstamms

### Infinitiv Präsens

vincīrī – *gefesselt werden*

### Infinitiv Futur

vīnctum īrī – *in Zukunft gefesselt werden*

### Gerundiv

vinci**e**ndus/-a/-um – *einer/eine/eines, der/die/das gefesselt werden muss*

## Personalformen des Perfektstamms

### Indikativ Perfekt

| | |
|---|---|
| vīnxī | *ich habe gefesselt* |
| vīnxistī | *du hast gefesselt* |
| vīnxit | *er/sie/es hat gefesselt* |
| vīnximus | *wir haben gefesselt* |
| vīnxistis | *ihr habt gefesselt* |
| vīnxērunt | *sie haben gefesselt* |

### Indikativ Plusquamperfekt

| | |
|---|---|
| vīnxeram | *ich hatte gefesselt* |
| vīnxerās | *du hattest gefesselt* |
| vīnxerat | *er/sie/es hatte gefesselt* |
| vīnxerāmus | *wir hatten gefesselt* |
| vīnxerātis | *ihr hattet gefesselt* |
| vīnxerant | *sie hatten gefesselt* |

### Futur II

| | |
|---|---|
| vīnxerō | *ich werde gefesselt haben* |
| vīnxeris | *du wirst gefesselt haben* |
| vīnxerit | *er/sie/es wird gefesselt haben* |
| vīnxerimus | *wir werden gefesselt haben* |
| vīnxeritis | *ihr werdet gefesselt haben* |
| vīnxerint | *sie werden gefesselt haben* |

### Konjunktiv Perfekt

| | |
|---|---|
| vīnxerim | *ich habe gefesselt* |
| vīnxeris | *du habest gefesselt* |
| vīnxerit | *er/sie/es habe gefesselt* |
| vīnxerimus | *wir haben gefesselt* |
| vīnxeritis | *ihr habet gefesselt* |
| vīnxerint | *sie haben gefesselt* |

### Konjunktiv Plusquamperfekt

| | |
|---|---|
| vīnxissem | *ich hätte gefesselt* |
| vīnxissēs | *du hättest gefesselt* |
| vīnxisset | *er/sie/es hätte gefesselt* |
| vīnxissēmus | *wir hätten gefesselt* |
| vīnxissētis | *ihr hättet gefesselt* |
| vīnxissent | *sie hätten gefesselt* |

## Nominalformen des Perfektstamms

### Infinitiv Perfekt

vīnxisse – *gefesselt haben*

## Personalformen des Partizipialstamms

### Indikativ Perfekt

| | |
|---|---|
| vīnctus/-a/-um sum | *ich bin gefesselt worden* |
| vīnctus/-a/-um es | *du bist gefesselt worden* |
| vīnctus/-a/-um est | *er/sie/es ist gefesselt worden* |
| vīnctī/-ae/-a sumus | *wir sind gefesselt worden* |
| vīnctī/-ae/-a estis | *ihr seid gefesselt worden* |
| vīnctī/-ae/-a sunt | *sie sind gefesselt worden* |

### Indikativ Plusquamperfekt

| | |
|---|---|
| vīnctus/-a/-um eram | *ich war gefesselt worden* |
| vīnctus/-a/-um erās | *du warst gefesselt worden* |
| vīnctus/-a/-um erat | *er/sie/es war gefesselt worden* |
| vīnctī/-ae/-a erāmus | *wir waren gefesselt worden* |
| vīnctī/-ae/-a erātis | *ihr wart gefesselt worden* |
| vīnctī/-ae/-a erant | *sie waren gefesselt worden* |

### Futur II

| | |
|---|---|
| vīnctus/-a/-um erō | *ich werde gefesselt worden sein* |
| vīnctus/-a/-um eris | *du wirst gefesselt worden sein* |
| vīnctus/-a/-um erit | *er/sie/es wird gefesselt worden sein* |
| vīnctī/-ae/-a erimus | *wir werden gefesselt worden sein* |
| vīnctī/-ae/-a eritis | *ihr werdet gefesselt worden sein* |
| vīnctī/-ae/-a erunt | *sie werden gefesselt worden sein* |

### Konjunktiv Perfekt

| | |
|---|---|
| vīnctus/-a/-um sim | *ich sei gefesselt worden* |
| vīnctus/-a/-um sīs | *du seiest gefesselt worden* |
| vīnctus/-a/-um sit | *er/sie/es sei gefesselt worden* |
| vīnctī/-ae/-a sīmus | *wir seien gefesselt worden* |
| vīnctī/-ae/-a sītis | *ihr seiet gefesselt worden* |
| vīnctī/-ae/-a sint | *sie seien gefesselt worden* |

### Konjunktiv Plusquamperfekt

| | |
|---|---|
| vīnctus/-a/-um essem | *ich wäre gefesselt worden* |
| vīnctus/-a/-um essēs | *du wärest gefesselt worden* |
| vīnctus/-a/-um esset | *er/sie/es wäre gefesselt worden* |
| vīnctī/-ae/-a essēmus | *wir wären gefesselt worden* |
| vīnctī/-ae/-a essētis | *ihr wäret gefesselt worden* |
| vīnctī/-ae/-a essent | *sie wären gefesselt worden* |

## Nominalformen des Partizipialstamms

### Infinitiv Perfekt

vīnctum/-am/-um esse – *gefesselt worden sein*

### Partizip Perfekt

vīnctus/-a/-um – *einer/eine/eines, der/die/das gefesselt worden ist*

# Deponens der i-Konjugation

## Personalformen des Präsensstamms

### Indikativ Präsens

| | |
|---|---|
| largior | *ich schenke* |
| largīris | *du schenkst* |
| largītur | *er/sie/es schenkt* |
| largīmur | *wir schenken* |
| largīminī | *ihr schenkt* |
| largīuntur | *sie schenken* |

### Konjunktiv Präsens

| | |
|---|---|
| largi**a**r | *ich möge schenken* |
| largi**ā**ris | *du mögest schenken* |
| largi**ā**tur | *er/sie/es möge schenken* |
| largi**ā**mur | *wir mögen schenken* |
| largi**ā**minī | *ihr möget schenken* |
| largi**a**ntur | *sie mögen schenken* |

### Indikativ Imperfekt

| | |
|---|---|
| largi**ēba**r | *ich schenkte* |
| largi**ēbā**ris | *du schenktest* |
| largi**ēbā**tur | *er/sie/es schenkte* |
| largi**ēbā**mur | *wir schenkten* |
| largi**ēbā**minī | *ihr schenktet* |
| largi**ēba**ntur | *sie schenkten* |

### Konjunktiv Imperfekt

| | |
|---|---|
| largī**re**r | *ich würde schenken* |
| largī**rē**ris | *du würdest schenken* |
| largī**rē**tur | *er/sie/es würde schenken* |
| largī**rē**mur | *wir würden schenken* |
| largī**rē**minī | *ihr würdet schenken* |
| largī**re**ntur | *sie würden schenken* |

### Futur I

| | |
|---|---|
| largi**a**r | *ich werde schenken* |
| largi**ē**ris | *du wirst schenken* |
| largi**ē**tur | *er/sie/es wird schenken* |
| largi**ē**mur | *wir werden schenken* |
| largi**ē**minī | *ihr werdet schenken* |
| largi**e**ntur | *sie werden schenken* |

### Imperativ I

| | |
|---|---|
| largīre | *schenk!* |
| largīminī | *schenkt!* |

### Imperativ II

| | |
|---|---|
| largītor | *du sollst schenken!* |
| largītor | *er/sie/es soll schenken!* |
| – | |
| largīuntor | *sie sollen schenken!* |

## Nominalformen des Präsens- und Partizipialstamms

### Infinitiv Präsens

largīrī – *schenken*

### Infinitiv Futur

largītūrum/-am/-um esse – *im Begriff sein zu schenken*

### Partizip Präsens

largiēns, largientis – *schenken; einer/eine/eins, der/die/das schenkt*

### Partizip Futur

largītūrus/-a/-um – *einer/eine/eins, der/die/das schenken wird*

### Gerund und Gerundiv

–, largiendī usw. – *des Schenkens usw.*; largiendus/-a/-um – *einer/eine/eins, der/die/das geschenkt wird/werden muss*

# Deponens der i-Konjugation



## Personalformen des Partizipialstamms

### Indikativ Perfekt

| | |
|---|---|
| largītus/-a/-um sum | *ich habe geschenkt* |
| largītus/-a/-um es | *du hast geschenkt* |
| largītus/-a/-um est | *er/sie/es hat geschenkt* |
| largītī/-ae/-a sumus | *wir haben geschenkt* |
| largītī/-ae/-a estis | *ihr habt geschenkt* |
| largītī/-ae/-a sunt | *sie haben geschenkt* |

### Konjunktiv Perfekt

| | |
|---|---|
| largītus/-a/-um sim | *ich habe geschenkt* |
| largītus/-a/-um sīs | *du habest geschenkt* |
| largītus/-a/-um sit | *er/sie/es habe geschenkt* |
| largītī/-ae/-a sīmus | *wir haben geschenkt* |
| largītī/-ae/-a sītis | *ihr habet geschenkt* |
| largītī/-ae/-a sint | *sie haben geschenkt* |

### Indikativ Plusquamperfekt

| | |
|---|---|
| largītus/-a/-um eram | *ich hatte geschenkt* |
| largītus/-a/-um erās | *du hattest geschenkt* |
| largītus/-a/-um erat | *er/sie/es hatte geschenkt* |
| largītī/-ae/-a erāmus | *wir hatten geschenkt* |
| largītī/-ae/-a erātis | *ihr hattet geschenkt* |
| largītī/-ae/-a erant | *sie hatten geschenkt* |

### Konjunktiv Plusquamperfekt

| | |
|---|---|
| largītus/-a/-um essem | *ich hätte geschenkt* |
| largītus/-a/-um essēs | *du hättest geschenkt* |
| largītus/-a/-um esset | *er/sie/es hätte geschenkt* |
| largītī/-ae/-a essēmus | *wir hätten geschenkt* |
| largītī/-ae/-a essētis | *ihr hättet geschenkt* |
| largītī/-ae/-a essent | *sie hätten geschenkt* |

### Futur II

| | |
|---|---|
| largītus/-a/-um erō | *ich werde geschenkt haben* |
| largītus/-a/-um eris | *du wirst geschenkt haben* |
| largītus/-a/-um erit | *er/sie/es wird geschenkt haben* |
| largītī/-ae/-a erimus | *wir werden geschenkt haben* |
| largītī/-ae/-a eritis | *ihr werdet geschenkt haben* |
| largītī/-ae/-a erunt | *sie werden geschenkt haben* |

## Nominalformen des Partizipialstamms

### Infinitiv Perfekt

largītum/-am/-um esse – *geschenkt haben*

### Partizip Perfekt

largītus/-a/-um – *einer/eine/eins, der/die/das geschenkt hat*

# Konsonantische Konjugation



## Personalformen des Präsensstamms

### Indikativ Präsens

| | |
|---|---|
| regō | *ich leite* |
| regis | *du leitest* |
| regit | *er/sie/es leitet* |
| regimus | *wir leiten* |
| regitis | *ihr leitet* |
| regunt | *sie leiten* |

### Indikativ Imperfekt

| | |
|---|---|
| reg**ēba**m | *ich leitete* |
| reg**ēbā**s | *du leitetest* |
| reg**ēba**t | *er/sie/es leitete* |
| reg**ēbā**mus | *wir leiteten* |
| reg**ēbā**tis | *ihr leitetet* |
| reg**ēba**nt | *sie leiteten* |

### Futur I

| | |
|---|---|
| reg**a**m | *ich werde leiten* |
| reg**ē**s | *du wirst leiten* |
| reg**e**t | *er/sie/es wird leiten* |
| reg**ē**mus | *wir werden leiten* |
| reg**ē**tis | *ihr werdet leiten* |
| reg**e**nt | *sie werden leiten* |

### Konjunktiv Präsens

| | |
|---|---|
| reg**a**m | *ich möge leiten* |
| reg**ā**s | *du mögest leiten* |
| reg**a**t | *er/sie/es möge leiten* |
| reg**ā**mus | *wir mögen leiten* |
| reg**ā**tis | *ihr möget leiten* |
| reg**a**nt | *sie mögen leiten* |

### Konjunktiv Imperfekt

| | |
|---|---|
| reg**ere**m | *ich würde leiten* |
| reg**erē**s | *du würdest leiten* |
| reg**ere**t | *er/sie/es würde leiten* |
| reg**erē**mus | *wir würden leiten* |
| reg**erē**tis | *ihr würdet leiten* |
| reg**ere**nt | *sie würden leiten* |

### Imperativ I

| | |
|---|---|
| rege | *leite!* |
| regite | *leitet!* |

### Imperativ II

| | |
|---|---|
| regitō | *du sollst leiten!* |
| regitō | *er/sie/es soll leiten!* |
| regitōte | *ihr sollt leiten!* |
| reguntō | *sie sollen leiten!* |

## Nominalformen des Präsens- und Partizipialstamms

### Infinitiv Präsens

regere - *leiten*

### Infinitiv Futur

rectūrum/-am/-um esse - *im Begriff sein zu leiten*

### Partizip Präsens

regēns, regentis - *leitend; einer/eine/eins, der/die/das leitet*

### Partizip Futur

rectūrus/-a/-um - *einer/eine/eins, der/die/das leiten wird*

### Gerund

-, regendī, regendō, ad regendum, regendō - *das Leiten, des Leitens, dem Leiten* usw.

## Personalformen des Präsensstamms

### Indikativ Präsens

| | |
|---|---|
| regor | *ich werde geleitet* |
| regeris | *du wirst geleitet* |
| regitur | *er/sie/es wird geleitet* |
| regimur | *wir werden geleitet* |
| regiminī | *ihr werdet geleitet* |
| reguntur | *sie werden geleitet* |

### Indikativ Imperfekt

| | |
|---|---|
| reg**ēba**r | *ich wurde geleitet* |
| reg**ēbā**ris | *du wurdest geleitet* |
| reg**ēbā**tur | *er/sie/es wurde geleitet* |
| reg**ēbā**mur | *wir wurden geleitet* |
| reg**ēbā**minī | *ihr wurdet geleitet* |
| reg**ēba**ntur | *sie wurden geleitet* |

### Futur I

| | |
|---|---|
| reg**a**r | *ich werde geleitet werden* |
| reg**ē**ris | *du wirst geleitet werden* |
| reg**ē**tur | *er/sie/es wird geleitet werden* |
| reg**ē**mur | *wir werden geleitet werden* |
| reg**ē**minī | *ihr werdet geleitet werden* |
| reg**e**ntur | *sie werden geleitet werden* |

### Konjunktiv Präsens

| | |
|---|---|
| reg**a**r | *ich möge geleitet werden* |
| reg**ā**ris | *du mögest geleitet werden* |
| reg**ā**tur | *er/sie/es möge geleitet werden* |
| reg**ā**mur | *wir mögen geleitet werden* |
| reg**ā**minī | *ihr möget geleitet werden* |
| reg**a**ntur | *sie mögen geleitet werden* |

### Konjunktiv Imperfekt

| | |
|---|---|
| reg**ere**r | *ich würde geleitet werden* |
| reg**erē**ris | *du würdest geleitet werden* |
| reg**erē**tur | *er/sie/es würde geleitet werden* |
| reg**erē**mur | *wir würden geleitet werden* |
| reg**erē**minī | *ihr würdet geleitet werden* |
| reg**ere**ntur | *sie würden geleitet werden* |

## Nominalformen des Präsens- und Partizipialstamms

### Infinitiv Präsens

regī – *geleitet werden*

### Infinitiv Futur

rectum īrī – *in Zukunft geleitet werden*

### Gerundiv

regendus/-a/-um – *einer/eine/eins, der/die/das geleitet wird/werden muss*

# Konsonantische Konjugation



## Personalformen des Perfektstamms

### Indikativ Perfekt

| | |
|---|---|
| rēxī | *ich habe geleitet* |
| rēxistī | *du hast geleitet* |
| rēxit | *er/sie/es hat geleitet* |
| rēximus | *wir haben geleitet* |
| rēxistis | *ihr habt geleitet* |
| rēxērunt | *sie haben geleitet* |

### Indikativ Plusquamperfekt

| | |
|---|---|
| rēxeram | *ich hatte geleitet* |
| rēxerās | *du hattest geleitet* |
| rēxerat | *er/sie/es hatte geleitet* |
| rēxerāmus | *wir hatten geleitet* |
| rēxerātis | *ihr hattet geleitet* |
| rēxerant | *sie hatten geleitet* |

### Futur II

| | |
|---|---|
| rēxerō | *ich werde geleitet haben* |
| rēxeris | *du wirst geleitet haben* |
| rēxerit | *er/sie/es wird geleitet haben* |
| rēxerimus | *wir werden geleitet haben* |
| rēxeritis | *ihr werdet geleitet haben* |
| rēxerint | *sie werden geleitet haben* |

### Konjunktiv Perfekt

| | |
|---|---|
| rēxerim | *ich habe geleitet* |
| rēxeris | *du habest geleitet* |
| rēxerit | *er/sie/es habe geleitet* |
| rēxerimus | *wir haben geleitet* |
| rēxeritis | *ihr habet geleitet* |
| rēxerint | *sie haben geleitet* |

### Konjunktiv Plusquamperfekt

| | |
|---|---|
| rēxissem | *ich hätte geleitet* |
| rēxissēs | *du hättest geleitet* |
| rēxisset | *er/sie/es hätte geleitet* |
| rēxissēmus | *wir hätten geleitet* |
| rēxissētis | *ihr hättet geleitet* |
| rēxissent | *sie hätten geleitet* |

## Nominalformen des Perfektstamms

### Infinitiv Perfekt

rēxisse – *geleitet haben*

## Personalformen des Partizipialstamms

### Indikativ Perfekt

| | |
|---|---|
| rēctus/-a/-um sum | *ich bin geleitet worden* |
| rēctus/-a/-um es | *du bist geleitet worden* |
| rēctus/-a/-um est | *er/sie/es ist geleitet worden* |
| rēctī/-ae/-a sumus | *wir sind geleitet worden* |
| rēctī/-ae/-a estis | *ihr seid geleitet worden* |
| rēctī/-ae/-a sunt | *sie sind geleitet worden* |

### Indikativ Plusquamperfekt

| | |
|---|---|
| rēctus/-a/-um eram | *ich war geleitet worden* |
| rēctus/-a/-um erās | *du warst geleitet worden* |
| rēctus/-a/-um erat | *er/sie/es war geleitet worden* |
| rēctī/-ae/-a erāmus | *wir waren geleitet worden* |
| rēctī/-ae/-a erātis | *ihr wart geleitet worden* |
| rēctī/-ae/-a erant | *sie waren geleitet worden* |

### Futur II

| | |
|---|---|
| rēctus/-a/-um erō | *ich werde geleitet worden sein* |
| rēctus/-a/-um eris | *du wirst geleitet worden sein* |
| rēctus/-a/-um erit | *er/sie/es wird geleitet worden sein* |
| rēctī/-ae/-a erimus | *wir werden geleitet worden sein* |
| rēctī/-ae/-a eritis | *ihr werdet geleitet worden sein* |
| rēctī/-ae/-a erunt | *sie werden geleitet worden sein* |

### Konjunktiv Perfekt

| | |
|---|---|
| rēctus/-a/-um sim | *ich sei geleitet worden* |
| rēctus/-a/-um sīs | *du seist geleitet worden* |
| rēctus/-a/-um sit | *er/sie/es sei geleitet worden* |
| rēctī/-ae/-a sīmus | *wir seien geleitet worden* |
| rēctī/-ae/-a sītis | *ihr seiet geleitet worden* |
| rēctī/-ae/-a sint | *sie seien geleitet worden* |

### Konjunktiv Plusquamperfekt

| | |
|---|---|
| rēctus/-a/-um essem | *ich wäre geleitet worden* |
| rēctus/-a/-um essēs | *du wärest geleitet worden* |
| rēctus/-a/-um esset | *er/sie/es wäre geleitet worden* |
| rēctī/-ae/-a essēmus | *wir wären geleitet worden* |
| rēctī/-ae/-a essētis | *ihr wäret geleitet worden* |
| rēctī/-ae/-a essent | *sie wären geleitet worden* |

## Nominalformen des Partizipialstamms

### Infinitiv Perfekt

rēctum/-am/-um esse – *geleitet worden sein*

### Partizip Perfekt

rēctus/-a/-um – *geleitet; einer/eine/eins, der/die/das geleitet worden ist*

## Personalformen des Präsensstamms

### Indikativ Präsens

| | |
|---|---|
| pellō | *ich treibe* |
| pellis | *du treibst* |
| pellit | *er/sie/es treibt* |
| pellimus | *wir treiben* |
| pellitis | *ihr treibt* |
| pellunt | *sie treiben* |

### Konjunktiv Präsens

| | |
|---|---|
| pell**a**m | *ich möge treiben* |
| pell**ā**s | *du mögest treiben* |
| pell**a**t | *er/sie/es möge treiben* |
| pell**ā**mus | *wir mögen treiben* |
| pell**ā**tis | *ihr möget treiben* |
| pell**a**nt | *sie mögen treiben* |

### Indikativ Imperfekt

| | |
|---|---|
| pell**ēba**m | *ich trieb* |
| pell**ēbā**s | *du triebst* |
| pell**ēba**t | *er/sie/es trieb* |
| pell**ēbā**mus | *wir trieben* |
| pell**ēbā**tis | *ihr triebt* |
| pell**ēba**nt | *sie trieben* |

### Konjunktiv Imperfekt

| | |
|---|---|
| pell**ere**m | *ich würde treiben* |
| pell**erē**s | *du würdest treiben* |
| pell**ere**t | *er/sie/es würde treiben* |
| pell**erē**mus | *wir würden treiben* |
| pell**erē**tis | *ihr würdet treiben* |
| pell**ere**nt | *sie würden treiben* |

### Futur I

| | |
|---|---|
| pell**a**m | *ich werde treiben* |
| pell**ē**s | *du wirst treiben* |
| pell**e**t | *er/sie/es wird treiben* |
| pell**ē**mus | *wir werden treiben* |
| pell**ē**tis | *ihr werdet treiben* |
| pell**e**nt | *sie werden treiben* |

### Imperativ I

| | |
|---|---|
| pell**e** | *treibe!* |
| pell**i**te | *treibt!* |

### Imperativ II

| | |
|---|---|
| pell**i**tō | *du sollst treiben!* |
| pell**i**tō | *er/sie/es soll treiben!* |
| pell**i**tōte | *ihr sollt treiben!* |
| pell**u**ntō | *sie sollen treiben!* |

## Nominalformen des Präsens- und Partizipialstamms

### Infinitiv Präsens

pell**e**re – *treiben*

### Partizip Präsens

pell**ē**ns, pell**e**ntis – *treibend; einer/eine/eines, der/die/das treibt*

### Infinitiv Futur

pulsūrum/-am/-um esse – *im Begriff sein zu treiben*

### Partizip Futur

pulsūrus/-a/-um – *einer/eine/eines, der/die/das treiben wird*

### Gerund

–, pell**e**ndī, pell**e**ndō, ad pell**e**ndum, pell**e**ndō – *des Treibens, dem Treiben* usw.

## Personalformen des Präsensstamms

### Indikativ Präsens

| | |
|---|---|
| pellor | *ich werde getrieben* |
| pell**e**ris | *du wirst getrieben* |
| pell**i**tur | *er/sie/es wird getrieben* |
| pell**i**mur | *wir werden getrieben* |
| pell**i**minī | *ihr werdet getrieben* |
| pell**u**ntur | *sie werden getrieben* |

### Indikativ Imperfekt

| | |
|---|---|
| pell**ēba**r | *ich wurde getrieben* |
| pell**ēbā**ris | *du wurdest getrieben* |
| pell**ēbā**tur | *er/sie/es wurde getrieben* |
| pell**ēbā**mur | *wir wurden getrieben* |
| pell**ēbā**minī | *ihr wurdet getrieben* |
| pell**ēba**ntur | *sie wurden getrieben* |

### Futur I

| | |
|---|---|
| pell**a**r | *ich werde getrieben werden* |
| pell**ē**ris | *du wirst getrieben werden* |
| pell**ē**tur | *er/sie/es wird getrieben werden* |
| pell**ē**mur | *wir werden getrieben werden* |
| pell**ē**minī | *ihr werdet getrieben werden* |
| pell**e**ntur | *sie werden getrieben werden* |

### Konjunktiv Präsens

| | |
|---|---|
| pell**a**r | *ich möge getrieben werden* |
| pell**ā**ris | *du mögest getrieben werden* |
| pell**ā**tur | *er/sie/es möge getrieben werden* |
| pell**ā**mur | *wir mögen getrieben werden* |
| pell**ā**minī | *ihr möget getrieben werden* |
| pell**a**ntur | *sie mögen getrieben werden* |

### Konjunktiv Imperfekt

| | |
|---|---|
| pell**ere**r | *ich würde getrieben werden* |
| pell**erē**ris | *du würdest getrieben werden* |
| pell**erē**tur | *er/sie/es würde getrieben werden* |
| pell**erē**mur | *wir würden getrieben werden* |
| pell**erē**minī | *ihr würdet getrieben werden* |
| pell**ere**ntur | *sie würden getrieben werden* |

## Nominalformen des Präsens- und Partizipialstamms

### Infinitiv Präsens

pellī – *getrieben werden*

### Infinitiv Futur

pulsum īrī – *in Zukunft getrieben werden*

### Gerundiv

pell**e**ndus/-a/-um – *einer/eine/eines, der/die/das getrieben werden muss*

## Personalformen des Perfektstamms

### Indikativ Perfekt

| | |
|---|---|
| pepulī | *ich habe getrieben* |
| pepulistī | *du hast getrieben* |
| pepulit | *er/sie/es hat getrieben* |
| pepulimus | *wir haben getrieben* |
| pepulistis | *ihr habt getrieben* |
| pepulērunt | *sie haben getrieben* |

### Indikativ Plusquamperfekt

| | |
|---|---|
| pepuleram | *ich hatte getrieben* |
| pepulerās | *du hattest getrieben* |
| pepulerat | *er/sie/es hatte getrieben* |
| pepulerāmus | *wir hatten getrieben* |
| pepulerātis | *ihr hattet getrieben* |
| pepulerant | *sie hatten getrieben* |

### Futur II

| | |
|---|---|
| pepulerō | *ich werde getrieben haben* |
| pepuleris | *du wirst getrieben haben* |
| pepulerit | *er/sie/es wird getrieben haben* |
| pepulerimus | *wir werden getrieben haben* |
| pepuleritis | *ihr werdet getrieben haben* |
| pepulerint | *sie werden getrieben haben* |

### Konjunktiv Perfekt

| | |
|---|---|
| pepulerim | *ich habe getrieben* |
| pepuleris | *du habest getrieben* |
| pepulerit | *er/sie/es habe getrieben* |
| pepulerimus | *wir haben getrieben* |
| pepuleritis | *ihr habet getrieben* |
| pepulerint | *sie haben getrieben* |

### Konjunktiv Plusquamperfekt

| | |
|---|---|
| pepulissem | *ich hätte getrieben* |
| pepulissēs | *du hättest getrieben* |
| pepulisset | *er/sie/es hätte getrieben* |
| pepulissēmus | *wir hätten getrieben* |
| pepulissētis | *ihr hättet getrieben* |
| pepulissent | *sie hätten getrieben* |

## Nominalformen des Perfektstamms

### Infinitiv Perfekt

pepulisse – *getrieben haben*

## Personalformen des Partizipialstamms

### Indikativ Perfekt

| | |
|---|---|
| pulsus/-a/-um sum | *ich bin getrieben worden* |
| pulsus/-a/-um es | *du bist getrieben worden* |
| pulsus/-a/-um est | *er/sie/es ist getrieben worden* |
| pulsī/-ae/-a sumus | *wir sind getrieben worden* |
| pulsī/-ae/-a estis | *ihr seid getrieben worden* |
| pulsī/-ae/-a sunt | *sie sind getrieben worden* |

### Indikativ Plusquamperfekt

| | |
|---|---|
| pulsus/-a/-um eram | *ich war getrieben worden* |
| pulsus/-a/-um erās | *du warst getrieben worden* |
| pulsus/-a/-um erat | *er/sie/es war getrieben worden* |
| pulsī/-ae/-a erāmus | *wir waren getrieben worden* |
| pulsī/-ae/-a erātis | *ihr wart getrieben worden* |
| pulsī/-ae/-a erant | *sie waren getrieben worden* |

### Futur II

| | |
|---|---|
| pulsus/-a/-um erō | *ich werde getrieben worden sein* |
| pulsus/-a/-um eris | *du wirst getrieben worden sein* |
| pulsus/-a/-um erit | *er/sie/es wird getrieben worden sein* |
| pulsī/-ae/-a erimus | *wir werden getrieben worden sein* |
| pulsī/-ae/-a eritis | *ihr werdet getrieben worden sein* |
| pulsī/-ae/-a erunt | *sie werden getrieben worden sein* |

### Konjunktiv Perfekt

| | |
|---|---|
| pulsus/-a/-um sim | *ich sei getrieben worden* |
| pulsus/-a/-um sīs | *du seiest getrieben worden* |
| pulsus/-a/-um sit | *er/sie/es sei getrieben worden* |
| pulsī/-ae/-a sīmus | *wir seien getrieben worden* |
| pulsī/-ae/-a sītis | *ihr seiet getrieben worden* |
| pulsī/-ae/-a sint | *sie seien getrieben worden* |

### Konjunktiv Plusquamperfekt

| | |
|---|---|
| pulsus/-a/-um essem | *ich wäre getrieben worden* |
| pulsus/-a/-um essēs | *du wärest getrieben worden* |
| pulsus/-a/-um esset | *er/sie/es wäre getrieben worden* |
| pulsī/-ae/-a essēmus | *wir wären getrieben worden* |
| pulsī/-ae/-a essētis | *ihr wäret getrieben worden* |
| pulsī/-ae/-a essent | *sie wären getrieben worden* |

## Nominalformen des Partizipialstamms

### Infinitiv Perfekt

pulsum/-am/-um esse – *getrieben worden sein*

### Partizip Perfekt

pulsus/-a/-um – *einer/eine/eines, der/die/das getrieben worden ist*

# Deponens der konsonantischen Konjugation

## Personalformen des Präsensstamms

### Indikativ Präsens

| | |
|---|---|
| sequor | *ich folge* |
| sequeris | *du folgst* |
| sequitur | *er/sie/es folgt* |
| sequimur | *wir folgen* |
| sequiminī | *ihr folgt* |
| sequuntur | *sie folgen* |

### Indikativ Imperfekt

| | |
|---|---|
| sequ**ēba**r | *ich folgte* |
| sequ**ēbā**ris | *du folgtest* |
| sequ**ēbā**tur | *er/sie/es folgte* |
| sequ**ēbā**mur | *wir folgten* |
| sequ**ēbā**minī | *ihr folgtet* |
| sequ**ēba**ntur | *sie folgten* |

### Futur I

| | |
|---|---|
| sequ**a**r | *ich werde folgen* |
| sequ**ē**ris | *du wirst folgen* |
| sequ**ē**tur | *er/sie/es wird folgen* |
| sequ**ē**mur | *wir werden folgen* |
| sequ**ē**minī | *ihr werdet folgen* |
| sequ**e**ntur | *sie werden folgen* |

### Konjunktiv Präsens

| | |
|---|---|
| sequ**a**r | *ich möge folgen* |
| sequ**ā**ris | *du mögest folgen* |
| sequ**ā**tur | *er/sie/es möge folgen* |
| sequ**ā**mur | *wir mögen folgen* |
| sequ**ā**minī | *ihr möget folgen* |
| sequ**a**ntur | *sie mögen folgen* |

### Konjunktiv Imperfekt

| | |
|---|---|
| sequ**ere**r | *ich würde folgen* |
| sequ**erē**ris | *du würdest folgen* |
| sequ**erē**tur | *er/sie/es würde folgen* |
| sequ**erē**mur | *wir würden folgen* |
| sequ**erē**minī | *ihr würdet folgen* |
| sequ**ere**ntur | *sie würden folgen* |

### Imperativ I

| | |
|---|---|
| sequ**e**re | *folge!* |
| sequ**i**minī | *folgt!* |

### Imperativ II

| | |
|---|---|
| sequitor | *du sollst folgen!* |
| sequitor | *er/sie/es soll folgen!* |
| – | |
| sequuntur | *sie sollen folgen!* |

## Nominalformen des Präsens- und Partizipialstamms

### Infinitiv Präsens

sequī – *folgen*

### Infinitiv Futur

secūtūrum/-am/-um esse – *im Begriff sein zu folgen*

### Partizip Präsens

sequēns, sequentis – *folgend; einer/eine/eins, der/die/das folgt*

### Partizip Futur

secūtūrus/-a/-um – *einer/eine/eins, der/die/das folgen wird*

### Gerund und Gerundiv

–, sequendī usw. – *des Folgens usw.*; sequendus/-a/-um – *einer/eine/eins, dem/der/dem man folgen wird/muss*

# Deponens der konsonantischen Konjugation

**sequī**
*folgen*

## Personalformen des Partizipialstamms

### Indikativ Perfekt

| | |
|---|---|
| secūtus/-a/-um sum | *ich bin gefolgt* |
| secūtus/-a/-um es | *du bist gefolgt* |
| secūtus/-a/-um est | *er/sie/es ist gefolgt* |
| secūtī/-ae/-a sumus | *wir sind gefolgt* |
| secūtī/-ae/-a estis | *ihr seid gefolgt* |
| secūtī/-ae/-a sunt | *sie sind gefolgt* |

### Indikativ Plusquamperfekt

| | |
|---|---|
| secūtus/-a/-um eram | *ich war gefolgt* |
| secūtus/-a/-um erās | *du warst gefolgt* |
| secūtus/-a/-um erat | *er/sie/es war gefolgt* |
| secūtī/-ae/-a erāmus | *wir waren gefolgt* |
| secūtī/-ae/-a erātis | *ihr wart gefolgt* |
| secūtī/-ae/-a erant | *sie waren gefolgt* |

### Futur II

| | |
|---|---|
| secūtus/-a/-um erō | *ich werde gefolgt sein* |
| secūtus/-a/-um eris | *du wirst gefolgt sein* |
| secūtus/-a/-um erit | *er/sie/es wird gefolgt sein* |
| secūtī/-ae/-a erimus | *wir werden gefolgt sein* |
| secūtī/-ae/-a eritis | *ihr werdet gefolgt sein* |
| secūtī/-ae/-a erunt | *sie werden gefolgt sein* |

### Konjunktiv Perfekt

| | |
|---|---|
| secūtus/-a/-um sim | *ich sei gefolgt* |
| secūtus/-a/-um sīs | *du seiest gefolgt* |
| secūtus/-a/-um sit | *er/sie/es sei gefolgt* |
| secūtī/-ae/-a sīmus | *wir seien gefolgt* |
| secūtī/-ae/-a sītis | *ihr seiet gefolgt* |
| secūtī/-ae/-a sint | *sie seien gefolgt* |

### Konjunktiv Plusquamperfekt

| | |
|---|---|
| secūtus/-a/-um essem | *ich wäre gefolgt* |
| secūtus/-a/-um essēs | *du wärest gefolgt* |
| secūtus/-a/-um esset | *er/sie/es wäre gefolgt* |
| secūtī/-ae/-a essēmus | *wir wären gefolgt* |
| secūtī/-ae/-a essētis | *ihr wäret gefolgt* |
| secūtī/-ae/-a essent | *sie wären gefolgt* |

## Nominalformen des Partizipialstamms

### Infinitiv Perfekt

secūtum/-am/-um esse – *gefolgt sein*

### Partizip Perfekt

secūtus/-a/-um – *einer/eine/eins, der/die/das gefolgt ist*

# Gemischte Konjugation



## Personalformen des Präsensstamms

### Indikativ Präsens

| | |
|---|---|
| capiō | *ich fange* |
| capis | *du fängst* |
| capit | *er/sie/es fängt* |
| capimus | *wir fangen* |
| capitis | *ihr fangt* |
| capiunt | *sie fangen* |

### Indikativ Imperfekt

| | |
|---|---|
| capi**ēba**m | *ich fing* |
| capi**ēbā**s | *du fingst* |
| capi**ēba**t | *er/sie/es fing* |
| capi**ēbā**mus | *wir fingen* |
| capi**ēbā**tis | *ihr fingt* |
| capi**ēba**nt | *sie fingen* |

### Futur I

| | |
|---|---|
| capi**a**m | *ich werde fangen* |
| capi**ē**s | *du wirst fangen* |
| capi**e**t | *er/sie/es wird fangen* |
| capi**ē**mus | *wir werden fangen* |
| capi**ē**tis | *ihr werdet fangen* |
| capi**e**nt | *sie werden fangen* |

### Konjunktiv Präsens

| | |
|---|---|
| capi**a**m | *ich möge fangen* |
| capi**ā**s | *du mögest fangen* |
| capi**a**t | *er/sie/es möge fangen* |
| capi**ā**mus | *wir mögen fangen* |
| capi**ā**tis | *ihr möget fangen* |
| capi**a**nt | *sie mögen fangen* |

### Konjunktiv Imperfekt

| | |
|---|---|
| cap**ere**m | *ich würde fangen* |
| cap**erē**s | *du würdest fangen* |
| cap**ere**t | *er/sie/es würde fangen* |
| cap**erē**mus | *wir würden fangen* |
| cap**erē**tis | *ihr würdet fangen* |
| cap**ere**nt | *sie würden fangen* |

### Imperativ I

| | |
|---|---|
| cape | *fang!* |
| capite | *fangt!* |

### Imperativ II

| | |
|---|---|
| capitō | *du sollst fangen!* |
| capitō | *er/sie/es soll fangen!* |
| capitōte | *ihr sollt fangen!* |
| capiuntō | *sie sollen fangen!* |

## Nominalformen des Präsens- und Partizipialstamms

### Infinitiv Präsens

capere – *fangen*

### Infinitiv Futur

captūrum/-am/-um esse – *im Begriff sein zu fangen*

### Partizip Präsens

capiēns, capientis – *fangend; einer/eine/eins, der/die/das fängt*

### Partizip Futur

captūrus/-a/-um – *einer/eine/eins, der/die/das fangen wird*

### Gerund

–, capiendī, capiendō, ad capiendum, capiendō – *des Fangens, dem Fangen* usw.

## Personalformen des Präsensstamms

### Indikativ Präsens

| | |
|---|---|
| capior | *ich werde gefangen* |
| caperis | *du wirst gefangen* |
| capitur | *er/sie/es wird gefangen* |
| capimur | *wir werden gefangen* |
| capiminī | *ihr werdet gefangen* |
| capiuntur | *sie werden gefangen* |

### Indikativ Imperfekt

| | |
|---|---|
| capi**ēba**r | *ich wurde gefangen* |
| capi**ēbā**ris | *du wurdest gefangen* |
| capi**ēbā**tur | *er/sie/es wurde gefangen* |
| capi**ēbā**mur | *wir wurden gefangen* |
| capi**ēbā**minī | *ihr wurdet gefangen* |
| capi**ēba**ntur | *sie wurden gefangen* |

### Futur I

| | |
|---|---|
| capi**a**r | *ich werde gefangen werden* |
| capi**ē**ris | *du wirst gefangen werden* |
| capi**ē**tur | *er/sie/es wird gefangen werden* |
| capi**ē**mur | *wir werden gefangen werden* |
| capi**ē**minī | *ihr werdet gefangen werden* |
| capi**e**ntur | *sie werden gefangen werden* |

### Konjunktiv Präsens

| | |
|---|---|
| capi**a**r | *ich möge gefangen werden* |
| capi**ā**ris | *du mögest gefangen werden* |
| capi**ā**tur | *er/sie/es möge gefangen werden* |
| capi**ā**mur | *wir mögen gefangen werden* |
| capi**ā**minī | *ihr möget gefangen werden* |
| capi**a**ntur | *sie mögen gefangen werden* |

### Konjunktiv Imperfekt

| | |
|---|---|
| cap**ere**r | *ich würde gefangen werden* |
| cap**erē**ris | *du würdest gefangen werden* |
| cap**erē**tur | *er/sie/es würde gefangen werden* |
| cap**erē**mur | *wir würden gefangen werden* |
| cap**erē**minī | *ihr würdet gefangen werden* |
| cap**ere**ntur | *sie würden gefangen werden* |

### Imperativ I

–

### Imperativ II

| | |
|---|---|
| capitor! | *er/sie/es soll gefangen werden!* |
| capiuntor! | *sie sollen gefangen werden!* |

## Nominalformen des Präsens- und Partizipialstamms

### Infinitiv Präsens

capī – *gefangen werden*

### Infinitiv Futur

captum īrī – *in Zukunft gefangen werden*

### Gerundiv

capiendus/-a/-um – *einer/eine/eins, der/die/das gefangen wird/werden muss*

# Gemischte Konjugation



## Personalformen des Perfektstamms

### Indikativ Perfekt

| | |
|---|---|
| cēpī | *ich habe gefangen* |
| cēpistī | *du hast gefangen* |
| cēpit | *er/sie/es hat gefangen* |
| cēpimus | *wir haben gefangen* |
| cēpistis | *ihr habt gefangen* |
| cēpērunt | *sie haben gefangen* |

### Indikativ Plusquamperfekt

| | |
|---|---|
| cēperam | *ich hatte gefangen* |
| cēperās | *du hattest gefangen* |
| cēperat | *er/sie/es hatte gefangen* |
| cēperāmus | *wir hatten gefangen* |
| cēperātis | *ihr hattet gefangen* |
| cēperant | *sie hatten gefangen* |

### Futur II

| | |
|---|---|
| cēperō | *ich werde gefangen haben* |
| cēperis | *du wirst gefangen haben* |
| cēperit | *er/sie/es wird gefangen haben* |
| cēperimus | *wir werden gefangen haben* |
| cēperitis | *ihr werdet gefangen haben* |
| cēperint | *sie werden gefangen haben* |

### Konjunktiv Perfekt

| | |
|---|---|
| cēperim | *ich habe gefangen* |
| cēperis | *du habest gefangen* |
| cēperit | *er/sie/es habe gefangen* |
| cēperimus | *wir haben gefangen* |
| cēperitis | *ihr habet gefangen* |
| cēperint | *sie haben gefangen* |

### Konjunktiv Plusquamperfekt

| | |
|---|---|
| cēpissem | *ich hätte gefangen* |
| cēpissēs | *du hättest gefangen* |
| cēpisset | *er/sie/es hätte gefangen* |
| cēpissēmus | *wir hätten gefangen* |
| cēpissētis | *ihr hättet gefangen* |
| cēpissent | *sie hätten gefangen* |

## Nominalformen des Perfektstamms

### Infinitiv Perfekt

cēpisse – *gefangen haben*

## Personalformen des Partizipialstamms

### Indikativ Perfekt

| | |
|---|---|
| captus/-a/-um sum | *ich bin gefangen worden* |
| captus/-a/-um es | *du bist gefangen worden* |
| captus/-a/-um est | *er/sie/es ist gefangen worden* |
| captī/-ae/-a sumus | *wir sind gefangen worden* |
| captī/-ae/-a estis | *ihr seid gefangen worden* |
| captī/-ae/-a sunt | *sie sind gefangen worden* |

### Indikativ Plusquamperfekt

| | |
|---|---|
| captus/-a/-um eram | *ich war gefangen worden* |
| captus/-a/-um erās | *du warst gefangen worden* |
| captus/-a/-um erat | *er/sie/es war gefangen worden* |
| captī/-ae/-a erāmus | *wir waren gefangen worden* |
| captī/-ae/-a erātis | *ihr wart gefangen worden* |
| captī/-ae/-a erant | *sie waren gefangen worden* |

### Futur II

| | |
|---|---|
| captus/-a/-um erō | *ich werde gefangen worden sein* |
| captus/-a/-um eris | *du wirst gefangen worden sein* |
| captus/-a/-um erit | *er/sie/es wird gefangen worden sein* |
| captī/-ae/-a erimus | *wir werden gefangen worden sein* |
| captī/-ae/-a eritis | *ihr werdet gefangen worden sein* |
| captī/-ae/-a erunt | *sie werden gefangen worden sein* |

### Konjunktiv Perfekt

| | |
|---|---|
| captus/-a/-um sim | *ich sei gefangen worden* |
| captus/-a/-um sīs | *du seist gefangen worden* |
| captus/-a/-um sit | *er/sie/es sei gefangen worden* |
| captī/-ae/-a sīmus | *wir seien gefangen worden* |
| captī/-ae/-a sītis | *ihr seiet gefangen worden* |
| captī/-ae/-a sint | *sie seien gefangen worden* |

### Konjunktiv Plusquamperfekt

| | |
|---|---|
| captus/-a/-um essem | *ich wäre gefangen worden* |
| captus/-a/-um essēs | *du wärest gefangen worden* |
| captus/-a/-um esset | *er/sie/es wäre gefangen worden* |
| captī/-ae/-a essēmus | *wir wären gefangen worden* |
| captī/-ae/-a essētis | *ihr wäret gefangen worden* |
| captī/-ae/-a essent | *sie wären gefangen worden* |

## Nominalformen des Partizipialstamms

### Infinitiv Perfekt

captum/-am/-um esse – *gefangen worden sein*

### Partizip Perfekt

captus/-a/-um – *gefangen; einer/eine/eins, der/die/das gefangen worden ist*

## Personalformen des Präsensstamms

### Indikativ Präsens

| | |
|---|---|
| affic**i**ō | *ich behandle* |
| affic**i**s | *du behandelst* |
| affic**i**t | *er/sie/es behandelt* |
| affic**i**mus | *wir behandeln* |
| affic**i**tis | *ihr behandelt* |
| affic**iu**nt | *sie behandeln* |

### Konjunktiv Präsens

| | |
|---|---|
| affic**ia**m | *ich möge behandeln* |
| affic**iā**s | *du mögest behandeln* |
| affic**ia**t | *er/sie/es möge behandeln* |
| affic**iā**mus | *wir mögen behandeln* |
| affic**iā**tis | *ihr möget behandeln* |
| affic**ia**nt | *sie mögen behandeln* |

### Indikativ Imperfekt

| | |
|---|---|
| affic**iēba**m | *ich behandelte* |
| affic**iēbā**s | *du behandeltest* |
| affic**iēba**t | *er/sie/es behandelte* |
| affic**iēbā**mus | *wir behandelten* |
| affic**iēbā**tis | *ihr behandeltet* |
| affic**iēba**nt | *sie behandelten* |

### Konjunktiv Imperfekt

| | |
|---|---|
| affic**ere**m | *ich würde behandeln* |
| affic**erē**s | *du würdest behandeln* |
| affic**ere**t | *er/sie/es würde behandeln* |
| affic**erē**mus | *wir würden behandeln* |
| affic**erē**tis | *ihr würdet behandeln* |
| affic**ere**nt | *sie würden behandeln* |

### Futur I

| | |
|---|---|
| affic**ia**m | *ich werde behandeln* |
| affic**iē**s | *du wirst behandeln* |
| affic**ie**t | *er/sie/es wird behandeln* |
| affic**iē**mus | *wir werden behandeln* |
| affic**iē**tis | *ihr werdet behandeln* |
| affic**ie**nt | *sie werden behandeln* |

### Imperativ I

| | |
|---|---|
| affic**e** | *behandle!* |
| affic**i**te | *behandelt!* |

### Imperativ II

| | |
|---|---|
| affic**i**tō | *du sollst behandeln!* |
| affic**i**tō | *er/sie/es soll behandeln!* |
| affic**i**tōte | *ihr sollt behandeln!* |
| affic**iu**ntō | *sie sollen behandeln!* |

## Nominalformen des Präsens- und Partizipialstamms

### Infinitiv Präsens

affic**e**re – *behandeln*

### Partizip Präsens

affic**iē**ns, affic**ie**ntis – *behandelnd; einer/eine/eines, der/die/das behandelt*

### Infinitiv Futur

affectūrum/-am/-um esse – *im Begriff sein zu behandeln*

### Partizip Futur

affectūrus/-a/-um – *einer/eine/eines, der/die/das behandeln wird*

### Gerund

–, affic**ie**ndī, affic**ie**ndō, ad affic**ie**ndum, affic**ie**ndō – *des Behandelns, dem Behandeln* usw.

## Personalformen des Präsensstamms

### Indikativ Präsens

| | |
|---|---|
| affic**i**or | *ich werde behandelt* |
| affic**e**ris | *du wirst behandelt* |
| affic**i**tur | *er/sie/es wird behandelt* |
| affic**i**mur | *wir werden behandelt* |
| affic**i**minī | *ihr werdet behandelt* |
| affic**iu**ntur | *sie werden behandelt* |

### Konjunktiv Präsens

| | |
|---|---|
| affic**ia**r | *ich möge behandelt werden* |
| affic**iā**ris | *du mögest behandelt werden* |
| affic**iā**tur | *er/sie/es möge behandelt werden* |
| affic**iā**mur | *wir mögen behandelt werden* |
| affic**iā**minī | *ihr möget behandelt werden* |
| affic**ia**ntur | *sie mögen behandelt werden* |

### Indikativ Imperfekt

| | |
|---|---|
| affic**iēba**r | *ich wurde behandelt* |
| affic**iēbā**ris | *du wurdest behandelt* |
| affic**iēbā**tur | *er/sie/es wurde behandelt* |
| affic**iēbā**mur | *wir wurden behandelt* |
| affic**iēbā**minī | *ihr wurdet behandelt* |
| affic**iēba**ntur | *sie wurden behandelt* |

### Konjunktiv Imperfekt

| | |
|---|---|
| affic**ere**r | *ich würde behandelt werden* |
| affic**erē**ris | *du würdest behandelt werden* |
| affic**erē**tur | *er/sie/es würde behandelt werden* |
| affic**erē**mur | *wir würden behandelt werden* |
| affic**erē**minī | *ihr würdet behandelt werden* |
| affic**ere**ntur | *sie würden behandelt werden* |

### Futur I

| | |
|---|---|
| affic**ia**r | *ich werde behandelt werden* |
| affic**iē**ris | *du wirst behandelt werden* |
| affic**iē**tur | *er/sie/es wird behandelt werden* |
| affic**iē**mur | *wir werden behandelt werden* |
| affic**iē**minī | *ihr werdet behandelt werden* |
| affic**ie**ntur | *sie werden behandelt werden* |

## Nominalformen des Präsens- und Partizipialstamms

### Infinitiv Präsens

afficī – *behandelt werden*

### Infinitiv Futur

affectum īrī – *in Zukunft behandelt werden*

### Gerundiv

affic**ie**ndus/-a/-um – *einer/eine/eines, der/die/das behandelt werden muss*

## Personalformen des Perfektstamms

### Indikativ Perfekt

| | |
|---|---|
| affēcī | *ich habe behandelt* |
| affēcistī | *du hast behandelt* |
| affēcit | *er/sie/es hat behandelt* |
| affēcimus | *wir haben behandelt* |
| affēcistis | *ihr habt behandelt* |
| affēcērunt | *sie haben behandelt* |

### Indikativ Plusquamperfekt

| | |
|---|---|
| affēceram | *ich hatte behandelt* |
| affēcerās | *du hattest behandelt* |
| affēcerat | *er/sie/es hatte behandelt* |
| affēcerāmus | *wir hatten behandelt* |
| affēcerātis | *ihr hattet behandelt* |
| affēcerant | *sie hatten behandelt* |

### Futur II

| | |
|---|---|
| affēcerō | *ich werde behandelt haben* |
| affēceris | *du wirst behandelt haben* |
| affēcerit | *er/sie/es wird behandelt haben* |
| affēcerimus | *wir werden behandelt haben* |
| affēceritis | *ihr werdet behandelt haben* |
| affēcerint | *sie werden behandelt haben* |

### Konjunktiv Perfekt

| | |
|---|---|
| affēcerim | *ich habe behandelt* |
| affēceris | *du habest behandelt* |
| affēcerit | *er/sie/es habe behandelt* |
| affēcerimus | *wir haben behandelt* |
| affēceritis | *ihr habet behandelt* |
| affēcerint | *sie haben behandelt* |

### Konjunktiv Plusquamperfekt

| | |
|---|---|
| affēcissem | *ich hätte behandelt* |
| affēcissēs | *du hättest behandelt* |
| affēcisset | *er/sie/es hätte behandelt* |
| affēcissēmus | *wir hätten behandelt* |
| affēcissētis | *ihr hättet behandelt* |
| affēcissent | *sie hätten behandelt* |

## Nominalformen des Perfektstamms

### Infinitiv Perfekt

affēcisse – *behandelt haben*

## Personalformen des Partizipialstamms

### Indikativ Perfekt

| | |
|---|---|
| affectus/-a/-um sum | *ich bin behandelt worden* |
| affectus/-a/-um es | *du bist behandelt worden* |
| affectus/-a/-um est | *er/sie/es ist behandelt worden* |
| affectī/-ae/-a sumus | *wir sind behandelt worden* |
| affectī/-ae/-a estis | *ihr seid behandelt worden* |
| affectī/-ae/-a sunt | *sie sind behandelt worden* |

### Indikativ Plusquamperfekt

| | |
|---|---|
| affectus/-a/-um eram | *ich war behandelt worden* |
| affectus/-a/-um erās | *du warst behandelt worden* |
| affectus/-a/-um erat | *er/sie/es war behandelt worden* |
| affectī/-ae/-a erāmus | *wir waren behandelt worden* |
| affectī/-ae/-a erātis | *ihr wart behandelt worden* |
| affectī/-ae/-a erant | *sie waren behandelt worden* |

### Futur II

| | |
|---|---|
| affectus/-a/-um erō | *ich werde behandelt worden sein* |
| affectus/-a/-um eris | *du wirst behandelt worden sein* |
| affectus/-a/-um erit | *er/sie/es wird behandelt worden sein* |
| affectī/-ae/-a erimus | *wir werden behandelt worden sein* |
| affectī/-ae/-a eritis | *ihr werdet behandelt worden sein* |
| affectī/-ae/-a erunt | *sie werden behandelt worden sein* |

### Konjunktiv Perfekt

| | |
|---|---|
| affectus/-a/-um sim | *ich sei behandelt worden* |
| affectus/-a/-um sīs | *du seiest behandelt worden* |
| affectus/-a/-um sit | *er/sie/es sei behandelt worden* |
| affectī/-ae/-a sīmus | *wir seien behandelt worden* |
| affectī/-ae/-a sītis | *ihr seiet behandelt worden* |
| affectī/-ae/-a sint | *sie seien behandelt worden* |

### Konjunktiv Plusquamperfekt

| | |
|---|---|
| affectus/-a/-um essem | *ich wäre behandelt worden* |
| affectus/-a/-um essēs | *du wärest behandelt worden* |
| affectus/-a/-um esset | *er/sie/es wäre behandelt worden* |
| affectī/-ae/-a essēmus | *wir wären behandelt worden* |
| affectī/-ae/-a essētis | *ihr wäret behandelt worden* |
| affectī/-ae/-a essent | *sie wären behandelt worden* |

## Nominalformen des Partizipialstamms

### Infinitiv Perfekt

affectum/-am/-um esse – *behandelt worden sein*

### Partizip Perfekt

affectus/-a/-um – *einer/eine/eines, der/die/das behandelt worden ist*

# Deponens der gemischten Konjugation

## Personalformen des Präsensstamms

### Indikativ Präsens

| | |
|---|---|
| patior | *ich dulde* |
| pateris | *du duldest* |
| patitur | *er/sie/es duldet* |
| patimur | *wir dulden* |
| patiminī | *ihr duldet* |
| patiuntur | *sie dulden* |

### Konjunktiv Präsens

| | |
|---|---|
| pati**a**r | *ich möge dulden* |
| pati**ā**ris | *du mögest dulden* |
| pati**ā**tur | *er/sie/es möge dulden* |
| pati**ā**mur | *wir mögen dulden* |
| pati**ā**minī | *ihr möget dulden* |
| pati**a**ntur | *sie mögen dulden* |

### Indikativ Imperfekt

| | |
|---|---|
| pati**ēba**r | *ich duldete* |
| pati**ēbā**ris | *du duldetest* |
| pati**ēbā**tur | *er/sie/es duldete* |
| pati**ēbā**mur | *wir duldeten* |
| pati**ēbā**minī | *ihr duldetet* |
| pati**ēba**ntur | *sie duldeten* |

### Konjunktiv Imperfekt

| | |
|---|---|
| pate**re**r | *ich würde dulden* |
| pate**rē**ris | *du würdest dulden* |
| pate**rē**tur | *er/sie/es würde dulden* |
| pate**rē**mur | *wir würden dulden* |
| pate**rē**minī | *ihr würdet dulden* |
| pate**re**ntur | *sie würden dulden* |

### Futur I

| | |
|---|---|
| pati**a**r | *ich werde dulden* |
| pati**ē**ris | *du wirst dulden* |
| pati**ē**tur | *er/sie/es wird dulden* |
| pati**ē**mur | *wir werden dulden* |
| pati**ē**minī | *ihr werdet dulden* |
| pati**e**ntur | *sie werden dulden* |

### Imperativ I

| | |
|---|---|
| patere | *dulde!* |
| patiminī | *duldet!* |

### Imperativ II

| | |
|---|---|
| patitor | *du sollst dulden!* |
| patitor | *er soll dulden!* |
| – | |
| patiuntor | *sie sollen dulden!* |

## Nominalformen des Präsens- und Partizipialstamms

### Infinitiv Präsens

patī – *dulden*

### Infinitiv Futur

passūrum/-am/-um esse – *im Begriff sein zu dulden*

### Partizip Präsens

patiēns, patientis – *duldend; einer/eine/eins, der/die/das duldet*

### Partizip Futur

passūrus/-a/-um – *einer/eine/eins, der/die/das dulden wird*

### Gerund und Gerundiv

–, patiendī usw. – *des Duldens* usw.; patiendus/-a/-um – *einer/eine/eins, der/die/das geduldet wird/werden muss*

# Deponens der gemischten Konjugation



## Personalformen des Partizipialstamms

### Indikativ Perfekt

| | |
|---|---|
| passus/-a/-um sum | *ich habe geduldet* |
| passus/-a/-um es | *du hast geduldet* |
| passus/-a/-um est | *er/sie/es hat geduldet* |
| passī/-ae/-a sumus | *wir haben geduldet* |
| passī/-ae/-a estis | *ihr habt geduldet* |
| passī/-ae/-a sunt | *sie haben geduldet* |

### Konjunktiv Perfekt

| | |
|---|---|
| passus/-a/-um sim | *ich habe geduldet* |
| passus/-a/-um sīs | *du habest geduldet* |
| passus/-a/-um sit | *er/sie/es habe geduldet* |
| passī/-ae/-a sīmus | *wir haben geduldet* |
| passī/-ae/-a sītis | *ihr habet geduldet* |
| passī/-ae/-a sint | *sie haben geduldet* |

### Indikativ Plusquamperfekt

| | |
|---|---|
| passus/-a/-um eram | *ich hatte geduldet* |
| passus/-a/-um erās | *du hattest geduldet* |
| passus/-a/-um erat | *er/sie/es hatte geduldet* |
| passī/-ae/-a erāmus | *wir hatten geduldet* |
| passī/-ae/-a erātis | *ihr hattet geduldet* |
| passī/-ae/-a erant | *sie hatten geduldet* |

### Konjunktiv Plusquamperfekt

| | |
|---|---|
| passus/-a/-um essem | *ich hätte geduldet* |
| passus/-a/-um essēs | *du hättest geduldet* |
| passus/-a/-um esset | *er/sie/es hätte geduldet* |
| passī/-ae/-a essēmus | *wir hätten geduldet* |
| passī/-ae/-a essētis | *ihr hättet geduldet* |
| passī/-ae/-a essent | *sie hätten geduldet* |

### Futur II

| | |
|---|---|
| passus/-a/-um erō | *ich werde geduldet haben* |
| passus/-a/-um eris | *du wirst geduldet haben* |
| passus/-a/-um erit | *er/sie/es wird geduldet haben* |
| passī/-ae/-a erimus | *wir werden geduldet haben* |
| passī/-ae/-a eritis | *ihr werdet geduldet haben* |
| passī/-ae/-a erunt | *sie werden geduldet haben* |

## Nominalformen des Partizipialstamms

### Infinitiv Perfekt

passum/-am/-um esse – *geduldet haben*

### Partizip Perfekt

passus/-a/-um – *einer/eine/eins, der/die/das geduldet hat*

## Personalformen des Präsensstamms

### Indikativ Präsens

| | |
|---|---|
| ferō | *ich trage* |
| fers | *du trägst* |
| fert | *er/sie/es trägt* |
| ferimus | *wir tragen* |
| fertis | *ihr tragt* |
| ferunt | *sie tragen* |

### Indikativ Imperfekt

| | |
|---|---|
| fer**ēba**m | *ich trug* |
| fer**ēbā**s | *du trugst* |
| fer**ēba**t | *er/sie/es trug* |
| fer**ēbā**mus | *wir trugen* |
| fer**ēbā**tis | *ihr trugt* |
| fer**ēba**nt | *sie trugen* |

### Futur I

| | |
|---|---|
| fer**a**m | *ich werde tragen* |
| fer**ē**s | *du wirst tragen* |
| fer**e**t | *er/sie/es wird tragen* |
| fer**ē**mus | *wir werden tragen* |
| fer**ē**tis | *ihr werdet tragen* |
| fer**e**nt | *sie werden tragen* |

### Konjunktiv Präsens

| | |
|---|---|
| fer**a**m | *ich möge tragen* |
| fer**ā**s | *du mögest tragen* |
| fer**a**t | *er/sie/es möge tragen* |
| fer**ā**mus | *wir mögen tragen* |
| fer**ā**tis | *ihr möget tragen* |
| fer**a**nt | *sie mögen tragen* |

### Konjunktiv Imperfekt

| | |
|---|---|
| fer**re**m | *ich würde tragen* |
| fer**rē**s | *du würdest tragen* |
| fer**re**t | *er/sie/es würde tragen* |
| fer**rē**mus | *wir würden tragen* |
| fer**rē**tis | *ihr würdet tragen* |
| fer**re**nt | *sie würden tragen* |

### Imperativ I

| | |
|---|---|
| fer | *trag!* |
| ferte | *tragt!* |

### Imperativ II

| | |
|---|---|
| fertō | *du sollst tragen!* |
| fertō | *er/sie/es soll tragen!* |
| fertōte | *ihr sollt tragen!* |
| feruntō | *sie sollen tragen* |

## Nominalformen des Präsens- und Partizipialstamms

### Infinitiv Präsens

ferre – *tragen*

### Infinitiv Futur

lātūrum/-am/-um esse – *im Begriff sein zu tragen*

### Partizip Präsens

ferēns, ferentis – *tragend, einer/eine/eins, der/die/das trägt*

### Partizip Futur

lātūrus/-a/-um – *einer/eine/eins, der/die/das tragen wird*

### Gerund

–, ferendī, ferendō, ad ferendum, ferendō – *des Tragens, dem Tragen* usw.

## Personalformen des Präsensstamms

### Indikativ Präsens

| | |
|---|---|
| feror | *ich werde getragen* |
| ferris | *du wirst getragen* |
| fertur | *er/sie/es wird getragen* |
| ferimur | *wir werden getragen* |
| feriminī | *ihr werdet getragen* |
| feruntur | *sie werden getragen* |

### Konjunktiv Präsens

| | |
|---|---|
| fer**ar** | *ich möge getragen werden* |
| fer**ā**ris | *du mögest getragen werden* |
| fer**ā**tur | *er/sie/es möge getragen werden* |
| fer**ā**mur | *wir mögen getragen werden* |
| fer**ā**minī | *ihr möget getragen werden* |
| fer**a**ntur | *sie mögen getragen werden* |

### Indikativ Imperfekt

| | |
|---|---|
| fer**ēbar** | *ich wurde getragen* |
| fer**ēbā**ris | *du wurdest getragen* |
| fer**ēbā**tur | *er/sie/es wurde getragen* |
| fer**ēbā**mur | *wir wurden getragen* |
| fer**ēbā**minī | *ihr wurdet getragen* |
| fer**ēba**ntur | *sie wurden getragen* |

### Konjunktiv Imperfekt

| | |
|---|---|
| fer**rer** | *ich würde getragen werden* |
| fer**rē**ris | *du würdest getragen werden* |
| fer**rē**tur | *er/sie/es würde getragen werden* |
| fer**rē**mur | *wir würden getragen werden* |
| fer**rē**minī | *ihr würdet getragen werden* |
| fer**re**ntur | *sie würden getragen werden* |

### Futur I

| | |
|---|---|
| fer**ar** | *ich werde getragen werden* |
| fer**ē**ris | *du wirst getragen werden* |
| fer**ē**tur | *er/sie/es wird getragen werden* |
| fer**ē**mur | *wir werden getragen werden* |
| fer**ē**minī | *ihr werdet getragen werden* |
| fer**e**ntur | *sie werden getragen werden* |

## Nominalformen des Präsens- und Partizipialstamms

### Infinitiv Präsens

ferrī – *getragen werden*

### Partizip Präsens

ferēns, ferentis – *einer/eine/eines, der/die/das trägt*

### Infinitiv Futur

lātum īrī – *in Zukunft getragen werden*

### Partizip Futur

lātūrus/-a/-um – *einer/eine/eines, der/die/das tragen wird*

### Gerundiv

ferendus/-a/-um – *einer/eine/eins, der/die/das getragen wird/werden muss*

## Personalformen des Perfektstamms

### Indikativ Perfekt

| | |
|---|---|
| tulī | *ich habe getragen* |
| tulistī | *du hast getragen* |
| tulit | *er/sie/es hat getragen* |
| tulimus | *wir haben getragen* |
| tulistis | *ihr habt getragen* |
| tulērunt | *sie haben getragen* |

### Indikativ Plusquamperfekt

| | |
|---|---|
| tuleram | *ich hatte getragen* |
| tulerās | *du hattest getragen* |
| tulerat | *er/sie/es hatte getragen* |
| tulerāmus | *wir hatten getragen* |
| tulerātis | *ihr hattet getragen* |
| tulerant | *sie hatten getragen* |

### Futur II

| | |
|---|---|
| tulerō | *ich werde getragen haben* |
| tuleris | *du wirst getragen haben* |
| tulerit | *er/sie/es wird getragen haben* |
| tulerimus | *wir werden getragen haben* |
| tuleritis | *ihr werdet getragen haben* |
| tulerint | *sie werden getragen haben* |

### Konjunktiv Perfekt

| | |
|---|---|
| tulerim | *ich habe getragen* |
| tuleris | *du habest getragen* |
| tulerit | *er/sie/es habe getragen* |
| tulerimus | *wir haben getragen* |
| tuleritis | *ihr habet getragen* |
| tulerint | *sie haben getragen* |

### Konjunktiv Plusquamperfekt

| | |
|---|---|
| tulissem | *ich hätte getragen* |
| tulissēs | *du hättest getragen* |
| tulisset | *er/sie/es hätte getragen* |
| tulissēmus | *wir hätten getragen* |
| tulissētis | *ihr hättet getragen* |
| tulissent | *sie hätten getragen* |

## Nominalformen des Perfektstamms

### Infinitiv Perfekt

tulisse – *getragen haben*

## Personalformen des Partizipialstamms

### Indikativ Perfekt

| | |
|---|---|
| lātus/-a/-um sum | *ich bin getragen worden* |
| lātus/-a/-um es | *du bist getragen worden* |
| lātus/-a/-um est | *er/sie/es ist getragen worden* |
| lātī/-ae/-a sumus | *wir sind getragen worden* |
| lātī/-ae/-a estis | *ihr seid getragen worden* |
| lātī/-ae/-a sunt | *sie sind getragen worden* |

### Indikativ Plusquamperfekt

| | |
|---|---|
| lātus/-a/-um eram | *ich war getragen worden* |
| lātus/-a/-um erās | *du warst getragen worden* |
| lātus/-a/-um erat | *er/sie/es war getragen worden* |
| lātī/-ae/-a erāmus | *wir waren getragen worden* |
| lātī/-ae/-a erātis | *ihr wart getragen worden* |
| lātī/-ae/-a erant | *sie waren getragen worden* |

### Futur II

| | |
|---|---|
| lātus/-a/-um erō | *ich werde getragen worden sein* |
| lātus/-a/-um eris | *du wirst getragen worden sein* |
| lātus/-a/-um erit | *er/sie/es wird getragen worden sein* |
| lātī/-ae/-a erimus | *wir werden getragen worden sein* |
| lātī/-ae/-a eritis | *ihr werdet getragen worden sein* |
| lātī/-ae/-a erunt | *sie werden getragen worden sein* |

### Konjunktiv Perfekt

| | |
|---|---|
| lātus/-a/-um sim | *ich sei getragen worden* |
| lātus/-a/-um sīs | *du seist getragen worden* |
| lātus/-a/-um sit | *er/sie/es sei getragen worden* |
| lātī/-ae/-a sīmus | *wir seien getragen worden* |
| lātī/-ae/-a sītis | *ihr seiet getragen worden* |
| lātī/-ae/-a sint | *sie seien getragen worden* |

### Konjunktiv Plusquamperfekt

| | |
|---|---|
| lātus/-a/-um essem | *ich wäre getragen worden* |
| lātus/-a/-um essēs | *du wärest getragen worden* |
| lātus/-a/-um esset | *er/sie/es wäre getragen worden* |
| lātī/-ae/-a essēmus | *wir wären getragen worden* |
| lātī/-ae/-a essētis | *ihr wäret getragen worden* |
| lātī/-ae/-a essent | *sie wären getragen worden* |

## Nominalformen des Partizipialstamms

### Infinitiv Perfekt

lātum/-am/-um esse – *getragen worden sein*

### Partizip Perfekt

lātus/-a/-um – *getragen; einer/eine/eins, der/die/das getragen worden ist*

# Unregelmäßige Verben



## Personalformen des Präsensstamms

### Indikativ Präsens

| | |
|---|---|
| sum | *ich bin* |
| es | *du bist* |
| est | *er/sie/es ist* |
| sumus | *wir sind* |
| estis | *ihr seid* |
| sunt | *sie sind* |

### Indikativ Imperfekt

| | |
|---|---|
| eram | *ich war* |
| erās | *du warst* |
| erat | *er/sie/es war* |
| erāmus | *wir waren* |
| erātis | *ihr wart* |
| erant | *sie waren* |

### Futur I

| | |
|---|---|
| erō | *ich werde sein* |
| eris | *du wirst sein* |
| erit | *er/sie/es wird sein* |
| erimus | *wir werden sein* |
| eritis | *ihr werdet sein* |
| erunt | *sie werden sein* |

### Konjunktiv Präsens

| | |
|---|---|
| sim | *ich sei/möge sein* |
| sīs | *du seiest/mögest sein* |
| sit | *er/sie/es sei/möge sein* |
| sīmus | *wir seien/mögen sein* |
| sītis | *ihr seiet/möget sein* |
| sint | *sie seien/mögen sein* |

### Konjunktiv Imperfekt

| | |
|---|---|
| essem | *ich wäre/würde sein* |
| essēs | *du wärest/würdest sein* |
| esset | *er/sie/es wäre/würde sein* |
| essēmus | *wir wären/würden sein* |
| essētis | *ihr wäret/würdet sein* |
| essent | *sie wären/würden sein* |

### Imperativ I

| | |
|---|---|
| es | *sei!* |
| este | *seid!* |

### Imperativ II

| | |
|---|---|
| estō | *du sollst sein!* |
| estō | *er soll sein!* |
| estōte | *ihr sollt sein!* |
| suntō | *sie sollen sein!* |

## Nominalformen des Präsens- und Partizipialstamms

### Infinitiv Präsens

esse – *sein*

### Infinitiv Futur

futūrum/-am/-um esse; fore – *in Zukunft sein*

### Partizip Präsens

–

### Partizip Futur

futūrus/-a/-um – *zukünftig; einer/eine/eins, der/die/das sein wird*

## Personalformen des Perfektstamms

### Indikativ Perfekt

| | |
|---|---|
| fuī | *ich bin gewesen* |
| fuistī | *du bist gewesen* |
| fuit | *er/sie/es ist gewesen* |
| fuimus | *wir sind gewesen* |
| fuistis | *ihr seid gewesen* |
| fuērunt | *sie sind gewesen* |

### Konjunktiv Perfekt

| | |
|---|---|
| fuerim | *ich sei gewesen* |
| fueris | *du seist gewesen* |
| fuerit | *er/sie/es sei gewesen* |
| fuerimus | *wir seien gewesen* |
| fueritis | *ihr seiet gewesen* |
| fuerint | *sie seiet gewesen* |

### Indikativ Plusquamperfekt

| | |
|---|---|
| fueram | *ich war gewesen* |
| fuerās | *du warst gewesen* |
| fuerat | *er/sie/es war gewesen* |
| fuerāmus | *wir waren gewesen* |
| fuerātis | *ihr wart gewesen* |
| fuerant | *sie waren gewesen* |

### Konjunktiv Plusquamperfekt

| | |
|---|---|
| fuissem | *ich wäre gewesen* |
| fuissēs | *du wärest gewesen* |
| fuisset | *er/sie/es wäre gewesen* |
| fuissēmus | *wir wären gewesen* |
| fuissētis | *ihr wäret gewesen* |
| fuissent | *sie wären gewesen* |

### Futur II

| | |
|---|---|
| fuerō | *ich werde gewesen sein* |
| fueris | *du wirst gewesen sein* |
| fuerit | *er/sie/es wird gewesen sein* |
| fuerimus | *wir werden gewesen sein* |
| fueritis | *ihr werdet gewesen sein* |
| fuerint | *sie werden gewesen sein* |

## Nominalformen des Perfektstamms

### Infinitiv Perfekt

fuisse – *gewesen sein*

## Personalformen des Präsensstamms

### Indikativ Präsens

| | |
|---|---|
| possum | *ich kann* |
| potes | *du kannst* |
| potest | *er/sie/es kann* |
| possumus | *wir können* |
| potestis | *ihr könnt* |
| possunt | *sie können* |

### Indikativ Imperfekt

| | |
|---|---|
| poteram | *ich konnte* |
| poterās | *du konntest* |
| poterat | *er/sie/es konnte* |
| poterāmus | *wir konnten* |
| poterātis | *ihr konntet* |
| poterant | *sie konnten* |

### Futur I

| | |
|---|---|
| poterō | *ich werde können* |
| poteris | *du wirst können* |
| poterit | *er/sie/es wird können* |
| poterimus | *wir werden können* |
| poteritis | *ihr werdet können* |
| poterunt | *sie werden können* |

### Konjunktiv Präsens

| | |
|---|---|
| possim | *ich könne/möge können* |
| possīs | *du könnest/mögest können* |
| possit | *er/sie/es könne/möge können* |
| possīmus | *wir können/mögen können* |
| possītis | *ihr könnet/möget können* |
| possint | *sie können/mögen können* |

### Konjunktiv Imperfekt

| | |
|---|---|
| possem | *ich könnte/würde können* |
| possēs | *du könntest/würdest können* |
| posset | *er/sie/es könnte/würde können* |
| possēmus | *wir könnten/würden können* |
| possētis | *ihr könntet/würdet können* |
| possent | *sie könnten/würden können* |

## Nominalformen des Präsensstamms

### Infinitiv Präsens

posse – *können*

## Personalformen des Perfektstamms

### Indikativ Perfekt

| | |
|---|---|
| potuī | *ich habe gekonnt* |
| potuistī | *du hast gekonnt* |
| potuit | *er/sie/es hat gekonnt* |
| potuimus | *wir haben gekonnt* |
| potuistis | *ihr habt gekonnt* |
| potuērunt | *sie haben gekonnt* |

### Indikativ Plusquamperfekt

| | |
|---|---|
| potueram | *ich hatte gekonnt* |
| potuerās | *du hattest gekonnt* |
| potuerat | *er/sie/es hatte gekonnt* |
| potuerāmus | *wir hatten gekonnt* |
| potuerātis | *ihr hattet gekonnt* |
| potuerant | *sie hatten gekonnt* |

### Futur II

| | |
|---|---|
| potuerō | *ich werde gekonnt haben* |
| potueris | *du wirst gekonnt haben* |
| potuerit | *er/sie/es wird gekonnt haben* |
| potuerimus | *wir werden gekonnt haben* |
| potueritis | *ihr werdet gekonnt haben* |
| potuerint | *sie werden gekonnt haben* |

### Konjunktiv Perfekt

| | |
|---|---|
| potuerim | *ich habe gekonnt* |
| potueris | *du habest gekonnt* |
| potuerit | *er/sie/es habe gekonnt* |
| potuerimus | *wir haben gekonnt* |
| potueritis | *ihr habet gekonnt* |
| potuerint | *sie haben gekonnt* |

### Konjunktiv Plusquamperfekt

| | |
|---|---|
| potuissem | *ich hätte gekonnt* |
| potuissēs | *du hättest gekonnt* |
| potuisset | *er/sie/es hätte gekonnt* |
| potuissēmus | *wir hätten gekonnt* |
| potuissētis | *ihr hättet gekonnt* |
| potuissent | *sie hätten gekonnt* |

## Nominalformen des Perfektstamms

### Infinitiv Perfekt

potuisse – *gekonnt haben*

# Unregelmäßige Verben



## Nominalformen des Präsensstamms

### Indikativ Präsens

| | |
|---|---|
| prōsum | *ich nütze* |
| prōdes | *du nützt* |
| prōdest | *er/sie/es nützt* |
| prōsumus | *wir nützen* |
| prōdestis | *ihr nützt* |
| prōsunt | *sie nützen* |

### Konjunktiv Präsens

| | |
|---|---|
| prōsim | *ich nütze/möge nützen* |
| prōsīs | *du nützest/mögest nützen* |
| prōsit | *er/sie/es nütze/möge nützen* |
| prōsīmus | *wir nützen/mögen nützen* |
| prōsītis | *ihr nützet/möget nützen* |
| prōsint | *sie nützen/mögen nützen* |

### Indikativ Imperfekt

| | |
|---|---|
| prōderam | *ich nützte* |
| prōderās | *du nütztest* |
| prōderat | *er/sie/es nützte* |
| prōderāmus | *wir nützten* |
| prōderātis | *ihr nütztet* |
| prōderant | *sie nützten* |

### Konjunktiv Imperfekt

| | |
|---|---|
| prōdessem | *ich würde nützen* |
| prōdessēs | *du würdest nützen* |
| prōdesset | *er/sie/es würde nützen* |
| prōdessēmus | *wir würden nützen* |
| prōdessētis | *ihr würdet nützen* |
| prōdessent | *sie würden nützen* |

### Futur I

| | |
|---|---|
| prōderō | *ich werde genützt haben* |
| prōderis | *du wirst genützt haben* |
| prōderit | *er/sie/es wird genützt haben* |
| prōderimus | *wir werden genützt haben* |
| prōderitis | *ihr werdet genützt haben* |
| prōderunt | *sie werden genützt haben* |

### Imperativ I

| | |
|---|---|
| prōdes | *nütze!* |
| prōdeste | *nützt!* |

## Nominalformen des Präsens- und Perfektstamms

### Infinitiv Präsens

prōdesse – *nützen*

### Partizip Präsens

–

### Infinitiv Futur

–

### Partizip Futur

prōfutūrus/-a/-um – *zukünftig; einer/eine/eins, der/die/das nützen wird*

## Personalformen des Perfektstamms

### Indikativ Perfekt

| | |
|---|---|
| prōfuī | *ich habe genützt* |
| prōfuistī | *du hast genützt* |
| prōfuit | *er/sie/es hat genützt* |
| prōfuimus | *wir haben genützt* |
| prōfuistis | *ihr habt genützt* |
| prōfuērunt | *sie haben genützt* |

### Indikativ Plusquamperfekt

| | |
|---|---|
| prōfueram | *ich hatte genützt* |
| prōfuerās | *du hattest genützt* |
| prōfuerat | *er/sie/es hatte genützt* |
| prōfuerāmus | *wir hatten genützt* |
| prōfuerātis | *ihr hattet genützt* |
| prōfuerant | *sie hatten genützt* |

### Futur II

| | |
|---|---|
| prōfuerō | *ich werde genützt haben* |
| prōfueris | *du wirst genützt haben* |
| prōfuerit | *er/sie/es wird genützt haben* |
| prōfuerimus | *wir werden genützt haben* |
| prōfueritis | *ihr werdet genützt haben* |
| prōfuerint | *sie werden genützt haben* |

### Konjunktiv Perfekt

| | |
|---|---|
| prōfuerim | *ich habe genützt* |
| prōfueris | *du habest genützt* |
| prōfuerit | *er/sie/es habe genützt* |
| prōfuerimus | *wir haben genützt* |
| prōfueritis | *ihr habet genützt* |
| prōfuerint | *sie haben genützt* |

### Konjunktiv Plusquamperfekt

| | |
|---|---|
| prōfuissem | *ich hätte genützt* |
| prōfuissēs | *du hättest genützt* |
| prōfuisset | *er/sie/es hätte genützt* |
| prōfuissēmus | *wir hätten genützt* |
| prōfuissētis | *ihr hättet genützt* |
| prōfuissent | *sie hätten genützt* |

## Nominalformen des Perfektstamms

### Infinitiv Perfekt

prōfuisse – *genützt haben*

## Personalformen des Präsensstamms

### Indikativ Präsens

| | |
|---|---|
| volō | *ich will* |
| vīs | *du willst* |
| vult | *er/sie/es will* |
| volumus | *wir wollen* |
| vultis | *ihr wollt* |
| volunt | *sie wollen* |

### Indikativ Imperfekt

| | |
|---|---|
| vol**ēba**m | *ich wollte* |
| vol**ēbā**s | *du wolltest* |
| vol**ēba**t | *er/sie/es wollte* |
| vol**ēbā**mus | *wir wollten* |
| vol**ēbā**tis | *ihr wolltet* |
| vol**ēba**nt | *sie wollten* |

### Futur I

| | |
|---|---|
| vol**a**m | *ich werde wollen* |
| vol**ē**s | *du wirst wollen* |
| vol**e**t | *er/sie/es wird wollen* |
| vol**ē**mus | *wir werden wollen* |
| vol**ē**tis | *ihr werdet wollen* |
| vol**e**nt | *sie werden wollen* |

### Konjunktiv Präsens

| | |
|---|---|
| vel**i**m | *ich möge wollen/wolle* |
| vel**ī**s | *du mögest wollen/wollest* |
| vel**i**t | *er/sie/es möge wollen/wolle* |
| vel**ī**mus | *wir mögen wollen/wollen* |
| vel**ī**tis | *ihr möget wollen/wollet* |
| vel**i**nt | *sie mögen wollen/wollen* |

### Konjunktiv Imperfekt

| | |
|---|---|
| vel**le**m | *ich würde wollen* |
| vel**lē**s | *du würdest wollen* |
| vel**le**t | *er/sie/es würde wollen* |
| vel**lē**mus | *wir würden wollen* |
| vel**lē**tis | *ihr würdet wollen* |
| vel**le**nt | *sie würden wollen* |

## Nominalformen des Präsensstamms

### Infinitiv Präsens

velle – *wollen*

### Partizip Präsens

volēns, volentis – *wollend; einer/eine/eins, der/die/das will*

## Personalformen des Perfektstamms

### Indikativ Perfekt

| | |
|---|---|
| voluī | *ich habe gewollt* |
| voluistī | *du hast gewollt* |
| voluit | *er/sie/es hat gewollt* |
| voluimus | *wir haben gewollt* |
| voluistis | *ihr habt gewollt* |
| voluērunt | *sie haben gewollt* |

### Konjunktiv Perfekt

| | |
|---|---|
| voluerim | *ich habe gewollt* |
| volueris | *du habest gewollt* |
| voluerit | *er/sie/es habe gewollt* |
| voluerimus | *wir haben gewollt* |
| volueritis | *ihr habet gewollt* |
| voluerint | *sie haben gewollt* |

### Indikativ Plusquamperfekt

| | |
|---|---|
| volueram | *ich hatte gewollt* |
| voluerās | *du hattest gewollt* |
| voluerat | *er/sie/es hatte gewollt* |
| voluerāmus | *wir hatten gewollt* |
| voluerātis | *ihr hattet gewollt* |
| voluerant | *sie hatten gewollt* |

### Konjunktiv Plusquamperfekt

| | |
|---|---|
| voluissem | *ich hätte gewollt* |
| voluissēs | *du hättest gewollt* |
| voluisset | *er/sie/es hätte gewollt* |
| voluissēmus | *wir hätten gewollt* |
| voluissētis | *ihr hättet gewollt* |
| voluissent | *sie hätten gewollt* |

### Futur II

| | |
|---|---|
| voluerō | *ich werde gewollt haben* |
| volueris | *du wirst gewollt haben* |
| voluerit | *er/sie/es wird gewollt haben* |
| voluerimus | *wir werden gewollt haben* |
| volueritis | *ihr werdet gewollt haben* |
| voluerint | *sie werden gewollt haben* |

## Nominalformen des Perfektstamms

### Infinitiv Perfekt

voluisse – *gewollt haben*

## Personalformen des Präsensstamms

### Indikativ Präsens

| | |
|---|---|
| nōlō | *ich will nicht* |
| nōn vīs | *du willst nicht* |
| nōn vult | *er/sie/es will nicht* |
| nōlumus | *wir wollen nicht* |
| nōn vultis | *ihr wollt nicht* |
| nōlunt | *sie wollen nicht* |

### Imperfekt

| | |
|---|---|
| nōl**ēba**m | *ich wollte nicht* |
| nōl**ēbā**s | *du wolltest nicht* |
| nōl**ēba**t | *er/sie/es wollte nicht* |
| nōl**ēbā**mus | *wir wollten nicht* |
| nōl**ēbā**tis | *ihr wolltet nicht* |
| nōl**ēba**nt | *sie wollten nicht* |

### Futur I

| | |
|---|---|
| nōl**a**m | *ich werde nicht wollen* |
| nōl**ē**s | *du wirst nicht wollen* |
| nōl**e**t | *er/sie/es wird nicht wollen* |
| nōl**ē**mus | *wir werden nicht wollen* |
| nōl**ē**tis | *ihr werdet nicht wollen* |
| nōl**e**nt | *sie werden nicht wollen* |

### Konjunktiv Präsens

| | |
|---|---|
| nōl**i**m | *ich möge nicht wollen/wolle nicht* |
| nōl**ī**s | *du mögest nicht wollen/wollest nicht* |
| nōl**i**t | *er/sie/es möge nicht wollen/wolle nicht* |
| nōl**ī**mus | *wir mögen nicht wollen/wollen nicht* |
| nōl**ī**tis | *ihr möget nicht wollen/wollet nicht* |
| nōl**i**nt | *sie mögen nicht wollen/wollen nicht* |

### Konjunktiv Imperfekt

| | |
|---|---|
| nōl**le**m | *ich würde nicht wollen* |
| nōl**lē**s | *du würdest nicht wollen* |
| nōl**le**t | *er/sie/es würde nicht wollen* |
| nōl**lē**mus | *wir würden nicht wollen* |
| nōl**lē**tis | *ihr würdet nicht wollen* |
| nōl**le**nt | *sie würden nicht wollen* |

### Imperativ I

| | |
|---|---|
| nōlī [turbāre] | *[störe] nicht!* |
| nōlīte [turbāre] | *[stört] nicht!* |

### Imperativ II

| | |
|---|---|
| nōlītō [turbāre] | *du sollst nicht [stören]!* |
| nōlītō [turbāre] | *er/sie/es soll nicht [stören]!* |
| nōlītōte [turbāre] | *ihr sollt nicht [stören]!* |
| nōluntō [turbāre] | *sie sollen nicht [stören]!* |

## Nominalformen des Präsensstamms

### Infinitiv Präsens

nōlle – *nicht wollen*

### Partizip Präsens

nōlēns, nōlentis – *nicht wollend, einer/eine/eins, der/die/das nicht will*

## Personalformen des Perfektstamms

### Indikativ Perfekt

| | |
|---|---|
| nōluī | *ich habe nicht gewollt* |
| nōluistī | *du hast nicht gewollt* |
| nōluit | *er/sie/es hat nicht gewollt* |
| nōluimus | *wir haben nicht gewollt* |
| nōluistis | *ihr habt nicht gewollt* |
| nōluērunt | *sie haben nicht gewollt* |

### Indikativ Plusquamperfekt

| | |
|---|---|
| nōlueram | *ich hatte nicht gewollt* |
| nōluerās | *du hattest nicht gewollt* |
| nōluerat | *er/sie/es hatte nicht gewollt* |
| nōluerāmus | *wir hatten nicht gewollt* |
| nōluerātis | *ihr hattet nicht gewollt* |
| nōluerant | *sie hatten nicht gewollt* |

### Futur II

| | |
|---|---|
| nōluerō | *ich werde nicht gewollt haben* |
| nōlueris | *du wirst nicht gewollt haben* |
| nōluerit | *er/sie/es wird nicht gewollt haben* |
| nōluerimus | *wir werden nicht gewollt haben* |
| nōlueritis | *ihr werdet nicht gewollt haben* |
| nōluerint | *sie werden nicht gewollt haben* |

### Konjunktiv Perfekt

| | |
|---|---|
| nōluerim | *ich habe nicht gewollt* |
| nōlueris | *du habest nicht gewollt* |
| nōluerit | *er/sie/es habe nicht gewollt* |
| nōluerimus | *wir haben nicht gewollt* |
| nōlueritis | *ihr habet nicht gewollt* |
| nōluerint | *sie haben nicht gewollt* |

### Konjunktiv Plusquamperfekt

| | |
|---|---|
| nōluissem | *ich hätte nicht gewollt* |
| nōluissēs | *du hättest nicht gewollt* |
| nōluisset | *er/sie/es hätte nicht gewollt* |
| nōluissēmus | *wir hätten nicht gewollt* |
| nōluissētis | *ihr hättet nicht gewollt* |
| nōluissent | *sie hätten nicht gewollt* |

## Nominalformen des Perfektstamms

### Infinitiv Perfekt

nōluisse – *nicht gewollt haben*

## Personalformen des Präsensstamms

### Indikativ Präsens

| | |
|---|---|
| mālō | *ich will lieber* |
| māvīs | *du willst lieber* |
| māvult | *er/sie/es will lieber* |
| mālumus | *wir wollen lieber* |
| māvultis | *ihr wollt lieber* |
| mālunt | *sie wollen lieber* |

### Indikativ Imperfekt

| | |
|---|---|
| mā**lēba**m | *ich wollte lieber* |
| mā**lēbā**s | *du wolltest lieber* |
| mā**lēba**t | *er/sie/es wollte lieber* |
| mā**lēbā**mus | *wir wollten lieber* |
| mā**lēbā**tis | *ihr wolltet lieber* |
| mā**lēba**nt | *sie wollten lieber* |

### Futur I

| | |
|---|---|
| māl**a**m | *ich werde lieber wollen* |
| māl**ē**s | *du wirst lieber wollen* |
| māl**e**t | *er/sie/es wird lieber wollen* |
| māl**ē**mus | *wir werden lieber wollen* |
| māl**ē**tis | *ihr werdet lieber wollen* |
| māl**e**nt | *sie werden lieber wollen* |

### Konjunktiv Präsens

| | |
|---|---|
| māl**i**m | *ich möge lieber wollen/wolle lieber* |
| māl**ī**s | *du mögest lieber wollen/wollest lieber* |
| māl**i**t | *er/sie/es/ möge lieber wollen/wolle lieber* |
| māl**ī**mus | *wir mögen lieber wollen/wollen lieber* |
| māl**ī**tis | *ihr möget lieber wollen/wollet lieber* |
| māl**i**nt | *sie mögen lieber wollen/wollen lieber* |

### Konjunktiv Imperfekt

| | |
|---|---|
| mā**lle**m | *ich würde lieber wollen* |
| mā**llē**s | *du würdest lieber wollen* |
| mā**lle**t | *er/sie/es würde lieber wollen* |
| mā**llē**mus | *wir würden lieber wollen* |
| mā**llē**tis | *ihr würdet lieber wollen* |
| mā**lle**nt | *sie würden lieber wollen* |

### Imperativ I

–

### Imperativ II

–

## Nominalformen des Präsensstamms

### Infinitiv Präsens

mālle – *wollen*

## Personalformen des Perfektstamms

### Indikativ Perfekt

| | |
|---|---|
| māluī | *ich habe lieber gewollt* |
| māluistī | *du hast lieber gewollt* |
| māluit | *er/sie/es hat lieber gewollt* |
| māluimus | *wir haben lieber gewollt* |
| māluistis | *ihr habt lieber gewollt* |
| māluērunt | *sie haben lieber gewollt* |

### Konjunktiv Perfekt

| | |
|---|---|
| māluerim | *ich habe lieber gewollt* |
| mālueris | *du habest lieber gewollt* |
| māluerit | *er/sie/es habe lieber gewollt* |
| māluerimus | *wir haben lieber gewollt* |
| mālueritis | *ihr habet lieber gewollt* |
| māluerint | *sie haben lieber gewollt* |

### Indikativ Plusquamperfekt

| | |
|---|---|
| mālueram | *ich hatte lieber gewollt* |
| māluerās | *du hattest lieber gewollt* |
| māluerat | *er/sie/es hatte lieber gewollt* |
| māluerāmus | *wir hatten lieber gewollt* |
| māluerātis | *ihr hattet lieber gewollt* |
| māluerant | *sie hatten lieber gewollt* |

### Konjunktiv Plusquamperfekt

| | |
|---|---|
| māluissem | *ich hätte lieber gewollt* |
| māluissēs | *du hättest lieber gewollt* |
| māluisset | *er/sie/es hätte lieber gewollt* |
| māluissēmus | *wir hätten lieber gewollt* |
| māluissētis | *ihr hättet lieber gewollt* |
| māluissent | *sie hätten lieber gewollt* |

### Futur II

| | |
|---|---|
| māluerō | *ich werde lieber gewollt haben* |
| mālueris | *du wirst lieber gewollt haben* |
| māluerit | *er/sie/es wird lieber gewollt haben* |
| māluerimus | *wir werden lieber gewollt haben* |
| mālueritis | *ihr werdet lieber gewollt haben* |
| māluerint | *sie werden lieber gewollt haben* |

## Nominalformen des Perfektstamms

### Infinitiv Perfekt

māluisse – *lieber gewollt haben*

## Personalformen des Präsensstamms

### Indikativ Präsens

| | |
|---|---|
| eō | *ich gehe* |
| īs | *du gehst* |
| it | *er/sie/es geht* |
| īmus | *wir gehen* |
| ītis | *ihr geht* |
| eunt | *sie gehen* |

### Indikativ Imperfekt

| | |
|---|---|
| ībam | *ich ging* |
| ībās | *du gingst* |
| ībat | *er/sie/es ging* |
| ībāmus | *wir gingen* |
| ībātis | *ihr gingt* |
| ībant | *sie gingen* |

### Futur I

| | |
|---|---|
| ībō | *ich werde gehen* |
| ībis | *du wirst gehen* |
| ībit | *er/sie/es wird gehen* |
| ībimus | *wir werden gehen* |
| ībitis | *ihr werdet gehen* |
| ībunt | *sie werden gehen* |

### Konjunktiv Präsens

| | |
|---|---|
| eam | *ich möge gehen* |
| eās | *du mögest gehen* |
| eat | *er/sie/es möge gehen* |
| eāmus | *wir mögen gehen* |
| eātis | *ihr möget gehen* |
| eant | *sie mögen gehen* |

### Konjunktiv Imperfekt

| | |
|---|---|
| īrem | *ich würde gehen* |
| īrēs | *du würdest gehen* |
| īret | *er/sie/es würde gehen* |
| īrēmus | *wir würden gehen* |
| īrētis | *ihr würdet gehen* |
| īrent | *sie würden gehen* |

### Imperativ I

| | |
|---|---|
| ī | *geh!* |
| īte | *geht!* |

### Imperativ II

| | |
|---|---|
| ītō | *du sollst gehen!* |
| ītō | *er/sie/es soll gehen!* |
| ītōte | *ihr sollt gehen!* |
| euntō | *sie sollen gehen!* |

## Nominalformen des Präsens- und Partizipialstamms

### Infinitiv Präsens

īre – *gehen*

### Infinitiv Futur

itūrum/-am/-um esse – *im Begriff sein zu gehen*

### Partizip Präsens

iēns, euntis – *gehend; einer/eine/eins, der/die/das geht*

### Partizip Futur

itūrus/-a/-um – *einer/eine/eins, der/die/das gehen wird*

### Gerund

–, eundī, eundō, ad eundum, eundō – *des Gehens, dem Gehen* usw.

## Personalformen des Perfektstamms

### Indikativ Perfekt

| | |
|---|---|
| iī | *ich bin gegangen* |
| īstī | *du bist gegangen* |
| iit | *er/sie/es ist gegangen* |
| iimus | *wir sind gegangen* |
| īstis | *ihr seid gegangen* |
| iērunt | *sie sind gegangen* |

### Indikativ Plusquamperfekt

| | |
|---|---|
| ieram | *ich war gegangen* |
| ierās | *du warst gegangen* |
| ierat | *er/sie/es war gegangen* |
| ierāmus | *wir waren gegangen* |
| ierātis | *ihr wart gegangen* |
| ierant | *sie waren gegangen* |

### Futur II

| | |
|---|---|
| ierō | *ich werde gegangen sein* |
| ieris | *du wirst gegangen sein* |
| ierit | *er/sie/es wird gegangen sein* |
| ierimus | *wir werden gegangen sein* |
| ieritis | *ihr werdet gegangen sein* |
| ierint | *sie werden gegangen sein* |

### Konjunktiv Perfekt

| | |
|---|---|
| ierim | *ich sei gegangen* |
| ieris | *du seiest gegangen* |
| ierit | *er/sie/es sei gegangen* |
| ierimus | *wir seien gegangen* |
| ieritis | *ihr seiet gegangen* |
| ierint | *sie seien gegangen* |

### Konjunktiv Plusquamperfekt

| | |
|---|---|
| īssem | *ich wäre gegangen* |
| īssēs | *du wärest gegangen* |
| īsset | *er/sie/es wäre gegangen* |
| īssēmus | *wir wären gegangen* |
| īssētis | *ihr wäret gegangen* |
| īssent | *sie wären gegangen* |

## Nominalformen des Perfektstamms

### Infinitiv Perfekt

īsse – *gegangen sein*

## Personalformen des Präsensstamms

### Indikativ Präsens

| | |
|---|---|
| fīō | *ich werde (gemacht)* |
| fīs | *du wirst (gemacht)* |
| fit | *er/sie/es/ wird (gemacht), es geschieht* |
| fīmus | *wir werden (gemacht)* |
| fītis | *ihr werdet (gemacht)* |
| fīunt | *sie werden (gemacht)* |

### Indikativ Imperfekt

| | |
|---|---|
| fīēbam | *ich wurde (gemacht)* |
| fīēbās | *du wurdest (gemacht)* |
| fīēbat | *er/sie/es wurde (gemacht), es geschah* |
| fīēbāmus | *wir wurden (gemacht)* |
| fīēbātis | *ihr wurdet (gemacht)* |
| fīēbant | *sie wurden (gemacht)* |

### Futur I

| | |
|---|---|
| fīam | *ich werde (gemacht) werden* |
| fīēs | *du wirst (gemacht) werden* |
| fīet | *er/sie/es wird (gemacht) werden, es wird geschehen* |
| fīēmus | *wir werden (gemacht) werden* |
| fīētis | *ihr werdet (gemacht) werden* |
| fīent | *sie werden (gemacht) werden* |

### Konjunktiv Präsens

| | |
|---|---|
| fīam | *ich möge (gemacht) werden* |
| fīās | *du mögest (gemacht) werden* |
| fīat | *er/sie/es möge (gemacht) werden, es möge geschehen* |
| fīāmus | *wir mögen (gemacht) werden* |
| fīātis | *ihr möget (gemacht) werden* |
| fīant | *sie mögen (gemacht) werden* |

### Konjunktiv Imperfekt

| | |
|---|---|
| fierem | *ich würde (gemacht) werden* |
| fierēs | *du würdest (gemacht) werden* |
| fieret | *er/sie/es würde (gemacht) werden, es würde geschehen* |
| fierēmus | *wir würden (gemacht) werden* |
| fierētis | *ihr würdet (gemacht) werden* |
| fierent | *sie würden (gemacht) werden* |

### Imperativ I

| | |
|---|---|
| fī | *werde!* |
| fīte | *werdet!* |

### Imperativ II

–

## Nominalformen des Präsensstamms

### Infinitiv Präsens

fierī – *werden, gemacht werden, geschehen*

### Infinitiv Futur

factum īrī – *im Begriff sein, gemacht zu werden*
fore *od.* futūrum/-am/-um esse – *künftig geschehen*

### Partizip Präsens

–

### Partizip Futur

(futūrus/-a/-um) – *einer/eine/eins, der/die/das (gemacht) werden wird*

### Gerundiv

faciendus/-a/-um – *einer/eine/eins, der/die/das gemacht wird/werden muss*

## Personalformen des Partizipialstamms

### Indikativ Perfekt

| | |
|---|---|
| factus/-a/-um sum | *ich bin ge-(macht) worden* |
| factus/-a/-um es | *du bist ge-(macht) worden* |
| factus/-a/-um est | *er/sie/es ist ge-(macht) worden, es ist geschehen* |
| factī/-ae/-a sumus | *wir sind ge-(macht) worden* |
| factī/-ae/-a estis | *ihr seid ge-(macht) worden* |
| factī/-ae/-a sunt | *sie sind ge-(macht) worden* |

### Indikativ Plusquamperfekt

| | |
|---|---|
| factus/-a/-um eram | *ich war ge-(macht) worden* |
| factus/-a/-um erās | *du warst ge-(macht) worden* |
| factus/-a/-um erat | *er/sie/es war ge-(macht) worden, es war geschehen* |
| factī/-ae/-a erāmus | *wir waren ge-(macht) worden* |
| factī/-ae/-a erātis | *ihr wart ge-(macht) worden* |
| factī/-ae/-a erant | *sie waren ge-(macht) worden* |

### Futur II

| | |
|---|---|
| factus/-a/-um erō | *ich werde ge-(macht) worden sein* |
| factus/-a/-um eris | *du wirst ge-(macht) worden sein* |
| factus/-a/-um erit | *er/sie/es wird ge-(macht) worden sein, es wird geschehen* |
| factī/-ae/-a erimus | *wir werden ge-(macht) worden sein* |
| factī/-ae/-a eritis | *ihr werdet ge-(macht) worden sein* |
| factī/-ae/-a erunt | *sie werden ge-(macht) worden sein* |

### Konjunktiv Perfekt

| | |
|---|---|
| factus/-a/-um sim | *ich sei ge-(macht) worden* |
| factus/-a/-um sīs | *du seist ge-(macht) worden* |
| factus/-a/-um sit | *er/sie/es sei ge-(macht) worden, es sei geschehen* |
| factī/-ae/-a sīmus | *wir seien ge-(macht) worden* |
| factī/-ae/-a sītis | *ihr seiet ge-(macht) worden* |
| factī/-ae/-a sint | *sie seien ge-(macht) worden* |

### Konjunktiv Plusquamperfekt

| | |
|---|---|
| factus/-a/-um essem | *ich wäre ge-(macht) worden* |
| factus/-a/-um essēs | *du wärest ge-(macht) worden* |
| factus/-a/-um esset | *er/sie/es wäre ge-(macht) worden, es wäre geschehen* |
| factī/-ae/-a essēmus | *wir wären ge-(macht) worden* |
| factī/-ae/-a essētis | *ihr wäret ge-(macht) worden* |
| factī/-ae/-a essent | *sie wären ge-(macht) worden* |

## Nominalformen des Partizipialstamms

### Infinitiv Perfekt

factum/-am/-um esse – *ge-(macht) worden sein*

### Partizip Perfekt

factus/-a/-um – *gemacht; einer/eine/eins, der/die/das ge-(macht) worden ist*

# Defektives Verb



## Personalformen des Perfektstamms

### Indikativ Perfekt

| | |
|---|---|
| meminī | *ich erinnere mich* |
| meministī | *du erinnerst dich* |
| meminit | *er/sie/es erinnert sich* |
| meminimus | *wir erinnern uns* |
| meministis | *ihr erinnert euch* |
| meminērunt | *sie erinnern sich* |

### Indikativ Plusquamperfekt

| | |
|---|---|
| memineram | *ich erinnerte mich* |
| mememinerās | *du erinnertest dich* |
| meminerat | *er/sie/es erinnerte sich* |
| meminerāmus | *wir erinnerten uns* |
| meminerātis | *ihr erinnertet euch* |
| meminerant | *sie erinnerten sich* |

### Futur II

| | |
|---|---|
| meminerō | *ich werde mich erinnern* |
| memineris | *du wirst dich erinnern* |
| meminerit | *er/sie/es wird sich erinnern* |
| meminerimus | *wir werden uns erinnern* |
| memineritis | *ihr werdet euch erinnern* |
| meminerint | *sie werden sich erinnern* |

### Konjunktiv Perfekt

| | |
|---|---|
| meminerim | *ich möge mich erinnern* |
| memineris | *du mögest dich erinnern* |
| meminerit | *er/sie/es möge sich erinnern* |
| meminerimus | *wir mögen uns erinnern* |
| memineritis | *ihr möget euch erinnern* |
| meminerint | *sie mögen sich erinnern* |

### Konjunktiv Plusquamperfekt

| | |
|---|---|
| meminissem | *ich würde mich erinnern* |
| meminissēs | *du würdest dich erinnern* |
| meminisset | *er/sie/es würde sich erinnern* |
| meminissēmus | *wir würden uns erinnern* |
| meminissētis | *ihr würdet euch erinnern* |
| meminissent | *sie würden sich erinnern* |

### Imperativ I

–

### Imperativ II

| | |
|---|---|
| mementō | *erinnere dich!* |
| mementōte | *erinnert euch!* |

## Nominalformen des Perfektstamms

### Infinitiv Perfekt

meminisse – *sich erinnern*

## Personalformen des Perfektstamms

### Indikativ Perfekt

| | |
|---|---|
| ōdī | *ich hasse* |
| ōdistī | *du hasst* |
| ōdit | *er/sie/es hasst* |
| ōdimus | *wir hassen* |
| ōdistis | *ihr hasst* |
| ōdērunt | *sie hassen* |

### Indikativ Plusquamperfekt

| | |
|---|---|
| ōderam | *ich hasste* |
| ōderās | *du hasstest* |
| ōderat | *er/sie/es hasste* |
| ōderāmus | *wir hassten* |
| ōderātis | *ihr hasstet* |
| ōderant | *sie hassten* |

### Futur II

| | |
|---|---|
| ōderō | *ich werde hassen* |
| ōderis | *du wirst hassen* |
| ōderit | *er/sie/es wird hassen* |
| ōderimus | *wir werden hassen* |
| ōderitis | *ihr werdet hassen* |
| ōderint | *sie werden hassen* |

### Konjunktiv Perfekt

| | |
|---|---|
| ōderim | *ich möge hassen/hasse* |
| ōderis | *du mögest hassen/hassest* |
| ōderit | *er/sie/es möge hassen/hasse* |
| ōderimus | *wir mögen hassen/hassen* |
| ōderitis | *ihr möget hassen/hasset* |
| ōderint | *sie mögen hassen/hassen* |

### Konjunktiv Plusquamperfekt

| | |
|---|---|
| ōdissem | *ich würde hassen* |
| ōdissēs | *du würdest hassen* |
| ōdisset | *er/sie/es würde hassen* |
| ōdissēmus | *wir würden hassen* |
| ōdissētis | *ihr würdet hassen* |
| ōdissent | *sie würden hassen* |

### Imperativ I

–

### Imperativ II

–

## Nominalformen des Perfekt- und Partizipialstamms

### Infinitiv Perfekt

ōdisse – *hassen*

### Partizip Futur

ōsūrus/-a/-um – *einer/eine/eins, der/die/das hassen wird*

# Stammformen wichtiger Verben

## Verben der a-Konjugation

### v-Perfekt

| | | | | | |
|---|---|---|---|---|---|
| 1 | accusāre | accusō | accusāvī | accusātum | *anklagen* |
| 2 | adaequāre | adaequō | adaequāvī | adaequātum | *gleichmachen, gleichkommen* |
| 3 | amāre | amō | amāvī | amātum | *lieben* |
| 4 | cantāre | cantō | cantāvī | cantātum | *singen* |
| 5 | cēlāre | cēlō | cēlāvī | cēlātum | *verbergen, verhüllen, bedecken* |
| 6 | iūrāre | iūrō | iūrāvī | iūrātum | *schwören* |
| 7 | laudāre | laudō | laudāvī | laudātum | *loben* |
| 8 | mōnstrāre | mōnstrō | mōnstrāvī | mōnstrātum | *zeigen, hinweisen* |
| 9 | dēmōnstrāre | dēmōnstrō | dēmōnstrāvī | dēmōnstrātum | *bezeichnen, beweisen* |
| 10 | occupāre | occupō | occupāvī | occupātum | *besetzen, einnehmen, angreifen* |
| 11 | ōrāre | ōrō | ōrāvī | ōrātum | *sprechen, bitten* |
| 12 | probāre | probō | probāvī | probātum | *prüfen, billigen* |

### u-Perfekt

| | | | | | |
|---|---|---|---|---|---|
| 13 | crepāre | crepō | crepuī | crepitum | *krachen, knarren* |
| 14 | increpāre | increpō | increpuī | increpitum | *anschreien, schimpfen* |
| 15 | cubāre | cubō | cubuī | cubitum | *liegen* |
| 16 | micāre | micō | micuī | - | *schimmern, zucken* |
| 17 | domāre | domō | domuī | domitum | *bändigen, zähmen* |
| 18 | secāre | secō | secuī | sectum | *(ab)schneiden* |
| 19 | exsecāre | exsecō | exsecuī | exsectum | *herausschneiden* |
| 20 | sonāre | sonō | sonuī | sonātūrus | *tönen, ertönen lassen* |
| 21 | tonāre | tonō | tonuī | - | *donnern* |
| 22 | vetāre | vetō | vetuī | vetitum | *verbieten* |

### Reduplikationsperfekt

| | | | | | |
|---|---|---|---|---|---|
| 23 | dare | dō | dedī | datum | *geben* |
| 24 | circumdare | circumdō | circumdedī | circumdatum | *umgeben* |
| 25 | stāre | stō | stetī | stātūrus | *stehen* |
| 26 | circumstāre | circumstō | circumstetī | - | *herumstehen, umringen* |
| 27 | cōnstāre | cōnstō | cōnstitī | cōnstātūrus | *bestehen, kosten, feststehen* |
| | | cōnstat | cōnstitit | | *es steht fest/hat festgestanden* |
| 28 | instāre | instō | institī | - | *bevorstehen, drohen, zusetzen* |
| 29 | obstāre | obstō | obstitī | - | *im Wege stehen, hindern* |
| 30 | praestāre | praestō | praestitī | praestātūrus | (Dat.) *voranstehen, übertreffen*<br>(Akk.) *leisten, erweisen* |
| | | praestat | praestitit | | *es ist besser/besser gewesen* |
| 31 | restāre | restō | restitī | - | *übrig bleiben* |

## Dehnungsperfekt

| | | | | | |
|---|---|---|---|---|---|
| 32 | (ad)iuvāre | (ad)iuvō | (ad)iūvī | (ad)iūtum | *unterstützen, helfen* |
| | | iuvat | iūvit | | *es freut/hat gefreut* |
| 33 | lavāre | lavō | lāvī | – | *waschen* |
| | | | | lautus | *rein* |

## Deponentien

| | | | | |
|---|---|---|---|---|
| 34 | lavārī | lavor | lautus sum | *sich waschen, baden* |
| 35 | aemulārī | aemulor | aemulātus sum | *nacheifern* |
| 36 | arbitrārī | arbitror | arbitrātus sum | *glauben, meinen* |
| 37 | auxiliārī | auxilior | auxiliātus sum | *helfen* |
| 38 | comitārī | comitor | comitātus sum | *begleiten* |
| 39 | cōnārī | cōnor | cōnātus sum | *versuchen* |
| 40 | percontārī | percontor | percontātus sum | *fragen, erforschen* |
| 41 | cōntiōnārī | cōntiōnor | cōntiōnātus sum | *eine Rede halten* |
| 42 | recordārī | recordor | recordātus sum | *sich erinnern* |
| 43 | cūnctārī | cūnctor | cūnctātus sum | *zögern, zaudern* |
| 44 | indīgnārī | indīgnor | indīgnātus sum | *unwillig sein* |
| 45 | dominārī | dominor | dominātus sum | *herrschen* |
| 46 | glōriārī | glōrior | glōriātus sum | *sich rühmen* |
| 47 | grātulārī | grātulor | grātulātus sum | *Glück wünschen* |
| 48 | (ad/co)hortārī | (ad/co)hortor | (ad/co)hortātus sum | *ermahnen, antreiben* |
| 49 | imitārī | imitor | imitātus sum | *nachahmen* |
| 50 | interpretārī | interpretor | interpretātus sum | *erklären, deuten* |
| 51 | laetārī | laetor | laetātus sum | *sich freuen* |
| 52 | lamentārī | lamentor | lamentātus sum | *wehklagen, jammern* |
| 53 | minārī | minor | minātus sum | *drohen, bedrohen* |
| 54 | minitārī | minitor | minitātus sum | *drohen, bedrohen* |
| 55 | (ad)mirārī | (ad)miror | (ad)mirātus sum | *sich wundern, bewundern* |
| 56 | miserārī | miseror | miserātus sum | *bedauern, beklagen* |
| 57 | morārī | moror | morātus sum | *sich/jmd. aufhalten* |
| 58 | opīnārī | opīnor | opīnātus sum | *meinen* |
| 59 | perīclitārī | perīclitor | perīclitātus sum | *versuchen, Gefahr laufen* |
| 60 | populārī | populor | populātus sum | *verwüsten* |
| 61 | praedārī | praedor | praedātus sum | *Beute machen* |
| 62 | precārī | precor | precātus sum | *bitten, beten* |
| 63 | proeliārī | proelior | proeliātus sum | *kämpfen* |
| 64 | (cōn)sectārī | (cōn)sector | (cōn)sectātus sum | *nachjagen* |
| 65 | (cōn)sōlārī | (cōn)sōlor | (cōn)sōlātus sum | *trösten* |
| 66 | speculārī | speculor | speculātus sum | *auskundschaften* |
| 67 | (per)scrūtārī | (per)scrūtor | (per)scrūtātus sum | *durchsuchen, erforschen* |
| 68 | āspernārī | āspernor | āspernātus sum | *verschmähen* |
| 69 | cōnspicārī | cōnspicor | cōnspicātus sum | *erblicken* |
| 70 | suspicārī | suspicor | suspicātus sum | *vermuten* |
| 71 | contemplārī | contemplor | contemplātus sum | *betrachten* |
| 72 | testārī | testor | testātus sum | *als Zeugen anrufen, bezeugen* |
| 73 | obtestārī | obtestor | obtestātus sum | *anflehen, beschwören* |

| | | | | | |
|---|---|---|---|---|---|
| 74 | tūtārī | tūtor | tūtātus sum | | *schützen* |
| 75 | vagārī | vagor | vagātus sum | | *umherstreifen* |
| 76 | vēnārī | vēnor | vēnātus sum | | *jagen* |
| 77 | venerārī | veneror | venerātus sum | | *verehren* |
| 78 | versārī | versor | versātus sum | | *sich aufhalten* |

## Verben der e-Konjugation

### v-Perfekt

| | | | | | |
|---|---|---|---|---|---|
| 79 | complēre | compleō | complēvī | complētum | *(an)füllen, erfüllen* |
| 80 | explēre | expleō | explēvī | explētum | *ausfüllen* |
| 81 | implēre | impleō | implēvī | implētum | *(an)füllen, erfüllen* |
| 82 | supplēre | suppleō | supplēvī | supplētum | *ergänzen* |
| 83 | dēlēre | dēleō | dēlēvī | dēlētum | *zerstören, vernichten* |
| 84 | flēre | fleō | flēvī | flētum | *weinen* |
| 85 | abolēre | aboleō | abolēvī | abolitum | *abschaffen* |

### u-Perfekt

| | | | | | |
|---|---|---|---|---|---|
| 86 | arcēre | arceō | arcuī | - | *abhalten, abwehren* |
| 87 | coercēre | coerceō | coercuī | coercitum | *zusammenhalten, zügeln, maß-regeln* |
| 88 | exercēre | exerceō | exercuī | - | *üben, (sich) plagen* |
| | | | | exercitātus | *geübt* |
| | | | | exercitus | *geplagt* |
| 89 | calēre | caleō | caluī | calitūrus | *warm sein, glühen* |
| 90 | habēre | habeō | habuī | habitum | *haben, halten* |
| 91 | adhibēre | adhibeō | adhibuī | adhibitum | *anwenden, beiziehen* |
| 92 | prohibēre | prohibeō | prohibuī | prohibitum | *abhalten, hindern* |
| 93 | dēbēre | dēbeō | dēbuī | dēbitum | *schulden, müssen, danken* |
| 94 | praebēre | praebeō | praebuī | praebitum | *darreichen, gewähren* |
| 95 | merēre | mereō | meruī | meritum | *verdienen* |
| 96 | monēre | moneō | monuī | monitum | *(er)mahnen* |
| 97 | admonēre | admoneō | admonuī | admonitum | *(er)mahnen, erinnern* |
| 98 | nocēre | noceō | nocuī | nocitūrus | *schaden* |
| 99 | placēre | placeō | placuī | - | *gefallen* |
| | | placet | placuit | placitum | *es gefällt/hat gefallen/beschlossen* |
| 100 | displicēre | displiceō | displicuī | - | *missfallen* |
| 101 | tacēre | taceō | tacuī | - | *(ver)schweigen* |
| | | | | tacitus | *verschwiegen* |
| 102 | terrēre | terreō | terruī | territum | *jmd. erschrecken* |
| 103 | perterrēre | perterreō | perterruī | perterritum | *jmd. erschrecken, einschüchtern* |
| 104 | docēre | doceō | docuī | doctum | *lehren, unterrichten* |
| 105 | miscēre | misceō | miscuī | mixtum | *mischen* |
| 106 | tenēre | teneō | tenuī | - | *halten* |
| 107 | abstinēre | abstineō | abstinuī | - | *sich fernhalten, sich enthalten* |
| 108 | continēre | contineō | continuī | - | *zusammenhalten* |
| | | | | contentus | *zufrieden* |

| | | | | | |
|---|---|---|---|---|---|
| 109 | obtinēre | obtineō | obtinuī | obtentum | *festhalten, behaupten, besitzen* |
| 110 | pertinēre | pertineō | pertinuī | – | *sich erstrecken, sich beziehen* |
| 111 | retinēre | retineō | retinuī | retentum | *zurückhalten* |
| 112 | sustinēre | sustineō | sustinuī | (sustentātum) | *aufhalten* |
| 113 | cēnsēre | cēnseō | cēnsuī | cēnsum | *schätzen, meinen* |
| 114 | suscēnsēre | suscēnseō | suscēnsuī | – | *zürnen, wütend sein* |
| 115 | carēre | careō | caruī | – | *entbehren, nicht haben* |
| 116 | egēre | egeō | eguī | – | *brauchen, Mangel haben* |
| 117 | indigēre | indigeō | indiguī | – | *brauchen, Mangel haben* |
| 118 | dolēre | doleō | doluī | – | *Schmerz empfinden, leiden* |
| 119 | flōrēre | flōreō | flōruī | – | *blühen* |
| 120 | horrēre | horreō | horruī | – | *schaudern* |
| 121 | abhorrēre | abhorreō | abhorruī | – | *zurückschrecken (vor)* |
| 122 | iacēre | iaceō | iacuī | iacitūrus | *liegen* |
| 123 | latēre | lateō | latuī | – | *verborgen sein* |
| 124 | ēminēre | ēmineō | ēminuī | – | *herausragen, hervorragen* |
| 125 | imminēre | immineō | – | – | *hineinragen, drohen* |
| 126 | pārēre | pāreō | pāruī | – | *gehorchen* |
| 127 | appārēre | appāreō | appāruī | – | *erscheinen, sich zeigen* |
| | | appāret | appāruit | | *es ist offenkundig/gewesen* |
| 128 | patēre | pateō | patuī | – | *sich erstrecken, offenstehen* |
| 129 | studēre | studeō | studuī | – | *sich bemühen, versuchen* |
| 130 | silēre | sileō | siluī | – | *schweigen* |
| 131 | splendēre | splendeō | – | – | *glänzen* |
| 132 | timēre | timeō | timuī | – | *(sich) fürchten* |
| 133 | valēre | valeō | valuī | – | *gesund sein, Einfluss haben, vermögen* |
| 134 | vigēre | vigeō | vīguī | – | *frisch/kräftig sein* |

## s-Perfekt

| | | | | | |
|---|---|---|---|---|---|
| 135 | augēre | augeō | auxī | auctum | *vermehren, fördern* |
| 136 | torquēre | torqueō | torsī | tortum | *drehen, foltern* |
| 137 | ārdēre | ārdeō | ārsī | ārsūrus | *brennen, glühen* |
| 138 | haerēre | haereō | haesī | haesūrus | *hängen, stecken (bleiben)* |
| 139 | iubēre | iubeō | iussī | iussum | *befehlen, beauftragen* |
| 140 | manēre | maneō | mānsī | mānsūrus | *bleiben, warten (auf)* |
| 141 | permanēre | permaneō | permānsī | permānsūrus | *verharren, fortdauern* |
| 142 | remanēre | remaneō | remānsī | – | *zurückbleiben* |
| 143 | mulcēre | mulceō | mulsī | mulsum | *besänftigen, streicheln* |
| 144 | permulcēre | permulceō | permulsī | permulsum | *besänftigen, streicheln* |
| 145 | rīdēre | rīdeō | rīsī | rīsum | *lachen, auslachen* |
| 146 | irrīdēre | irrīdeō | irrīsī | irrīsum | *verspotten, auslachen* |
| 147 | suādēre | suādeō | suāsī | suāsum | *raten, zureden* |
| 148 | persuādēre | persuādeō | persuāsī | persuāsum | *(ut) überreden, (AcI) überzeugen* |
| 149 | abstergēre | abstergeō | abstersī | abstersum | *abwischen* |
| 150 | algēre | algeō | alsī | – | *frieren* |
| 151 | fulgēre | fulgeō | fulsī | – | *blitzen, strahlen* |
| 152 | lūcēre | lūceō | lūxī | – | *leuchten* |

| | | | | | |
|---|---|---|---|---|---|
| 153 | lūgēre | lūgeō | lūxī | - | *(be)trauern* |
| 154 | urgēre | urgeō | ursī | - | *(be)drängen* |

## Reduplikationsperfekt

*Bei diesem Kompositum keine Reduplikation

| | | | | | |
|---|---|---|---|---|---|
| 155 | mordēre | mordeō | momordī | morsum | *beißen* |
| 156 | pendēre | pendeō | pependī | - | *hängen, schweben* |
| 157 | impendēre | impendeō | - | - | *bevorstehen, drohen* |
| 158 | spondēre | spondeō | spopondī | spōnsum | *geloben, versprechen* |
| 159 | respondēre | respondeō | respondī* | respōnsum | *antworten* |
| 160 | tondēre | tondeō | totondī | tōnsum | *scheren* |

## Dehnungsperfekt

| | | | | | |
|---|---|---|---|---|---|
| 161 | cavēre | caveō | cāvī | cautum | *achtgeben,* (Akk.) *sich hüten vor* |
| 162 | favēre | faveō | fāvī | fautum | *gewogen sein, begünstigen* |
| 163 | fōvēre | fōveō | fōvī | fōtum | *wärmen* |
| 164 | movēre | moveō | mōvī | mōtum | *bewegen* |
| 165 | admovēre | admoveō | admōvī | admōtum | *heranbringen, nähern* |
| 166 | commovēre | commoveō | commōvī | commōtum | *bewegen, erregen* |
| 167 | permovēre | permoveō | permōvī | permōtum | *veranlassen* |
| 168 | prōmovēre | prōmoveō | prōmōvī | prōmōtum | *vorrücken lassen* |
| 169 | removēre | removeō | remōvī | remōtum | *entfernen, wegschaffen* |
| 170 | sedēre | sedeō | sēdī | sessum | *sitzen* |
| 171 | obsidēre | obsideō | obsēdī | obsessum | *belagern* |
| 172 | possidēre | possideō | possēdī | possessum | *besitzen* |
| 173 | vidēre | videō | vīdī | vīsum | *sehen* |
| 174 | invidēre | invideō | invīdī | invīsum | *missgönnen, beneiden* |
| 175 | prōvidēre | prōvideō | prōvīdī | prōvīsum | (Akk.) *vorhersehen,* (Dat.) *sorgen für* |
| 176 | vovēre | voveō | vōvī | vōtum | *geloben* |
| 177 | dēvovēre | dēvoveō | dēvōvī | dēvōtum | *(als Opfer) weihen, verwünschen, verfluchen* |

## Deponentien

| | | | | | |
|---|---|---|---|---|---|
| 178 | pollicērī | polliceor | pollicitus sum | | *versprechen* |
| 179 | merērī | mereor | meritus sum | | *verdienen, sich verdient machen* |
| 180 | miserērī | misereor | miseritus sum | | *sich erbarmen* |
| 181 | verērī | vereor | veritus sum | | *(sich) scheuen, fürchten, ehren* |
| 182 | rērī | reor | ratus sum | | *rechnen, meinen* |
| 183 | tuērī | tueor | - | | *schützen* |
| | | | tūtus | | *sicher* |
| 184 | intuērī | intueor | - | | *betrachten* |
| 185 | fatērī | fateor | fassus sum | | *bekennen, gestehen* |
| 186 | cōnfitērī | cōnfiteor | cōnfessus sum | | *bekennen, gestehen* |
| 187 | profitērī | profiteor | professus sum | | *offen erklären* |
| 188 | medērī | medeor | - | | *heilen* |
| 189 | vidērī | videor | vīsus sum | | *scheinen* |

## Semideponentien

| | | | | | |
|---|---|---|---|---|---|
| 190 | solēre | soleō | solitus sum | | *pflegen, gewohnt sein* |
| 191 | audēre | audeō | ausus sum | | *wagen* |
| 192 | gaudēre | gaudeō | gāvīsus sum | | *sich freuen* |

## Verben der i-Konjugation

### v-Perfekt

| | | | | | |
|---|---|---|---|---|---|
| 193 | audīre | audiō | audīvī | audītum | *hören* |
| 194 | dormīre | dormiō | dormīvī | dormītum | *schlafen* |
| 195 | mollīre | molliō | mollīvī | mollītum | *weich machen, mildern, besänftigen* |
| 196 | pūnīre | pūniō | pūnīvī | pūnītum | *bestrafen* |
| 197 | scīre | sciō | scīvī | scītum | *wissen* |
| 198 | sepelīre | sepeliō | sepelīvī | sepultum | *bestatten* |

### u-Perfekt

| | | | | | |
|---|---|---|---|---|---|
| 199 | aperīre | aperiō | aperuī | apertum | *öffnen, aufdecken* |
| 200 | operīre | operiō | operuī | opertum | *bedecken, verschließen* |
| 201 | salīre | saliō | saluī | – | *springen, hüpfen* |
| 202 | dēsilīre | dēsiliō | dēsiluī | – | *herabspringen* |
| 203 | trānsilīre | trānsiliō | trānsiluī | – | *überspringen* |

### s-Perfekt

| | | | | | |
|---|---|---|---|---|---|
| 204 | farcīre | farciō | farsī | fartum | *stopfen* |
| 205 | refercīre | referciō | refersī | refertum | *vollstopfen* |
| 206 | fulcīre | fulciō | fulsī | fultum | *stützen, hochhalten* |
| 207 | haurīre | hauriō | hausī | haustum | *trinken, schöpfen* |
| 208 | exhaurīre | exhauriō | exhausī | exhaustum | *erschöpfen* |
| 209 | sarcīre | sarciō | sarsī | sartum | *flicken* |
| 210 | saepīre | saepiō | saepsī | saeptum | *einzäunen* |
| 211 | sancīre | sanciō | sānxī | sānctum | *heiligen, festsetzen* |
| 212 | vincīre | vinciō | vīnxī | vīnctum | *fesseln, binden* |
| 213 | amicīre | amiciō | – | amictum | *umhüllen* |
| 214 | sentīre | sentiō | sēnsī | sēnsum | *fühlen, meinen* |
| 215 | cōnsentīre | cōnsentiō | cōnsēnsī | cōnsēnsum | *übereinstimmen* |
| 216 | dissentīre | dissentiō | dissēnsī | dissēnsum | *abweichen, anderer Meinung sein* |

### Reduplikationsperfekt

| | | | | | |
|---|---|---|---|---|---|
| 217 | reperīre | reperiō | repperī | repertum | *finden* |
| 218 | comperīre | comperiō | comperī | compertum | *erfahren* |

### Dehnungsperfekt

| | | | | | |
|---|---|---|---|---|---|
| 219 | venīre | veniō | vēnī | ventum | *kommen* |
| 220 | advenīre | adveniō | advēnī | adventum | *ankommen* |
| 221 | circumvenīre | circumveniō | circumvēnī | circumventum | *umzingeln, bedrängen* |

| | | | | | |
|---|---|---|---|---|---|
| 222 | convenīre | conveniō | convēnī | conventum | *zusammenkommen, antreffen, besuchen* |
| 223 | ēvenīre | ēvenit | ēvēnit | - | *sich ereignen, vorkommen* |
| 224 | invenīre | inveniō | invēnī | inventum | *finden, erfinden* |
| 225 | pervenīre | perveniō | pervēnī | perventum | *(ans Ziel) gelangen* |
| 226 | subvenīre | subveniō | subvēnī | subventum | *zu Hilfe kommen* |

## Deponentien

| | | | | | |
|---|---|---|---|---|---|
| 227 | blandīrī | blandior | blandītus sum | | *schmeicheln* |
| 228 | largīrī | largior | largītus sum | | *spenden, schenken* |
| 229 | mentīrī | mentior | mentītus sum | | *ersinnen, lügen* |
| 230 | mōlīrī | mōlior | mōlītus sum | | *in Bewegung setzen, unternehmen* |
| 231 | partīrī | partior | partītus sum | | *teilen* |
| 232 | potīrī | potior | potītus sum | | (Abl.) *sich bemächtigen* |
| 233 | sortīrī | sortior | sortītus sum | | *erlosen, erlangen* |
| 234 | assentīrī | assentior | assēnsus sum | | *zustimmen* |
| 235 | orīrī | orior | ortus sum | | *entstehen, aufgehen* |
| 236 | adorīrī | adorior | adortus sum | | *angreifen* |
| 237 | experīrī | experior | expertus sum | | *versuchen, erproben* |
| 238 | opperīrī | opperior | oppertus sum | | *(er)warten* |
| 239 | mētīrī | mētior | mēnsus sum | | *messen* |
| 240 | dīmētīrī | dīmētior | dīmēnsus sum | | *ausmessen, vermessen* |
| 241 | ōrdīrī | ōrdior | ōrsus sum | | *anfangen, beginnen* |

# Verben der konsonantischen Konjugation

## v-Perfekt

| | | | | | |
|---|---|---|---|---|---|
| 242 | cernere | cernō | crēvī | crētum | *sehen, sichten* |
| 243 | dēcernere | dēcernō | dēcrēvī | dēcrētum | *entscheiden, beschließen* |
| 244 | discernere | discernō | discrēvī | discrētum | *scheiden, unterscheiden* |
| 245 | sēcernere | sēcernō | sēcrēvī | sēcrētum | *absondern, trennen* |
| 246 | serere | serō | sēvī | satum | *säen, pflanzen* |
| 247 | cōnserere | cōnserō | cōnsēvī | cōnsitum | *bepflanzen* |
| 248 | īnserere | īnserō | īnsēvī | īnsitum | *bepflanzen* |
| 249 | spernere | spernō | sprēvī | sprētum | *zurückweisen, verschmähen* |
| 250 | sternere | sternō | strāvī | strātum | *hinbreiten, zu Boden strecken* |
| 251 | prōsternere | prōsternō | prōstrāvī | prōstrātum | *zu Boden strecken, niederwerfen* |
| 252 | sinere | sinō | sīvī | situm | *lassen, zulassen* |
| 253 | dēsinere | dēsinō | dēsiī | dēsitum | *ablassen, aufhören* |
| 254 | terere | terō | trīvī | trītum | *reiben, (Zeit) verschwenden* |
| 255 | quaerere | quaerō | quaesīvī | quaesītum | *suchen, fragen* (ex, ab) |
| 256 | acquīrere | acquīrō | acquīsīvī | acquīsītum | *erwerben* |
| 257 | exquīrere | exquīrō | exquīsīvī | exquīsītum | *(heraus)suchen, untersuchen* |
| 258 | inquīrere | inquīrō | inquīsīvī | inquīsītum | *untersuchen* |
| 259 | petere | petō | petīvī | petītum | *erstreben, (er)bitten, verlangen* |
| 260 | appetere | appetō | appetīvī | appetītum | *begehren* |

| | | | | | |
|---|---|---|---|---|---|
| 261 | expetere | expetō | expetīvī | expetītum | *erstreben* |
| 262 | repetere | repetō | repetīvī | repetītum | *zurückfordern, wiederholen* |
| 263 | suppetere | suppetō | suppetīvī | – | *(ausreichend) vorhanden sein* |
| 264 | arcessere | arcessō | arcessīvī | arcessītum | *herbeiholen* |
| 265 | capessere | capessō | capessīvī | capessītum | *ergreifen* |
| 266 | lacessere | lacessō | lacessīvī | lacessītum | *reizen, herausfordern* |
| 267 | crēscere | crēscō | crēvī | – | *wachsen, zunehmen* |
| 268 | pāscere | pāscō | pāvī | pāstum | *füttern, weiden* |
| 269 | quiēscere | quiēscō | quiēvī | – | *(aus)ruhen* |
| 270 | rēquiēscere | rēquiēscō | rēquiēvī | – | *ausruhen* |
| 271 | assuēscere | assuēscō | assuēvī | – | *sich gewöhnen an* |
| | | | | assuētus | *gewohnt* |
| 272 | cōnsuēscere | cōnsuēscō | cōnsuēvī | – | *sich gewöhnen an* |
| 273 | nōscere | nōscō | nōvī | – | *kennenlernen, erkennen* |
| | | | | nōtus | *bekannt* |
| 274 | āgnōscere | āgnōscō | āgnōvī | āgnitum | *erkennen, anerkennen* |
| 275 | cōgnōscere | cōgnōscō | cōgnōvī | cōgnitum | *erfahren, erkennen* |
| 276 | īgnōscere | īgnōscō | īgnōvī | īgnōtum | *verzeihen* |
| 277 | adolēscere | adolēscō | adolēvī | – | *heranwachsen* |
| | | | | adultus | *herangewachsen* |
| 278 | ascīscere | ascīscō | ascīvī | ascītum | *jmd. aufnehmen* |
| 279 | concupīscere | concupīscō | concupīvī | concupītum | *begehren* |

## u-Perfekt

| | | | | | |
|---|---|---|---|---|---|
| 280 | gemere | gemō | gemuī | – | *seufzen, stöhnen* |
| 281 | fremere | fremō | fremuī | – | *brummen, murren* |
| 282 | strepere | strepō | strepuī | – | *rauschen, lärmen* |
| 283 | tremere | tremō | tremuī | – | *zittern* |
| 284 | gīgnere | gīgnō | genuī | genitum | *(er)zeugen, hervorbringen* |
| 285 | pōnere | pōnō | posuī | positum | *setzen, stellen, legen* |
| 286 | compōnere | compōnō | composuī | compositum | *zusammenstellen, ordnen, verfassen* |
| 287 | dēpōnere | dēpōnō | dēposuī | dēpositum | *niederlegen, ablegen* |
| 288 | dispōnere | dispōnō | disposuī | dispositum | *verteilen, ordnen* |
| 289 | expōnere | expōnō | exposuī | expositum | *aussetzen, darlegen* |
| 290 | impōnere | impōnō | imposuī | impositum | *hineinlegen, aufbürden* |
| 291 | prōpōnere | prōpōnō | prōposuī | prōpositum | *vorlegen, in Aussicht stellen* |
| 292 | vomere | vomō | vomuī | vomitum | *erbrechen, spucken* |
| 293 | alere | alō | aluī | al(i)tum | *nähren, fördern* |
| 294 | colere | colō | coluī | cultum | *bebauen, pflegen, ehren, (be) wohnen* |
| 295 | excolere | excolō | excoluī | excultum | *ausbilden* |
| 296 | incolere | incolō | incoluī | – | *bewohnen, siedeln* |
| 297 | cōnsulere | cōnsulō | cōnsuluī | cōnsultum | (Akk.) *befragen, beraten,* (Dat.) *sorgen für* |
| 298 | serere | serō | seruī | sertum | *aneinanderreihen* |
| 299 | cōnserere | cōnserō | cōnseruī | cōnsertum | *zusammenreihen, -fügen* |
| 300 | dēserere | dēserō | dēseruī | dēsertum | *verlassen, im Stich lassen* |
| 301 | disserere | disserō | disseruī | (disputātum) | *auseinandersetzen, erörtern* |

| | | | | | |
|---|---|---|---|---|---|
| 302 | texere | texō | texuī | textum | *weben* |
| 303 | accumbere | accumbō | accubuī | (accubitum) | *sich zu Tische legen* |
| 304 | incumbere | incumbō | incubuī | incubitum | *sich verlegen auf* |
| 305 | prōcumbere | prōcumbō | prōcubuī | prōcubitūrus | *sich niederwerfen* |
| 306 | succumbere | succumbō | succubuī | succubitūrus | *unterliegen* |
| 307 | coalēscere | coalēscō | coaluī | - | *zusammenwachsen* |
| 308 | cōnsenēscere | cōnsenēscō | cōnsenuī | - | *altern* |
| 309 | conticēscere | conticēscō | conticuī | - | *verstummen* |
| 310 | contremīscere | contremīscō | contremuī | - | *erzittern* |
| 311 | convalēscere | convalēscō | convaluī | - | *gesund/stark werden* |
| 312 | efflōrēscere | efflōrēscō | efflōruī | - | *aufblühen* |
| 313 | ērubēscere | ērubēscō | ērubuī | - | *erröten* |
| 314 | ēvānēscere | ēvānēscō | ēvānuī | - | *verschwinden* |
| 315 | ingemīscere | ingemīscō | ingemuī | - | *seufzen* |
| 316 | ingravēscere | ingravēscō | - | - | *schwerer werden* |
| 317 | mātūrēscere | mātūrēscō | mātūruī | - | *reif werden* |
| 318 | perhorrēscere | perhorrēscō | perhorruī | - | *erschaudern* |
| 319 | contimēscere | contimēscō | contimuī | - | *in Furcht geraten* |
| 320 | pertimēscere | pertimēscō | pertimuī | - | *in Furcht geraten* |

## s-Perfekt

| | | | | | |
|---|---|---|---|---|---|
| 321 | carpere | carpō | carpsī | carptum | *pflücken* |
| 322 | dēcerpere | dēcerpō | dēcerpsī | dēcerptum | *abpflücken* |
| 323 | nūbere | nūbō | nūpsī | nuptum | *heiraten* |
| 324 | rēpere | rēpō | rēpsī | rēptum | *kriechen* |
| 325 | scrībere | scrībō | scrīpsī | scrīptum | *schreiben* |
| 326 | dēscrībere | dēscrībō | dēscrīpsī | dēscrīptum | *beschreiben* |
| 327 | īnscrībere | īnscrībō | īnscrīpsī | īnscrīptum | *einschreiben* |
| 328 | prōscrībere | prōscrībō | prōscrīpsī | prōscrīptum | *bekannt machen, ächten* |
| 329 | sculpere | sculpō | sculpsī | sculptum | *meißeln* |
| 330 | īnsculpere | īnsculpō | īnsculpsī | īnsculptum | *einmeißeln* |
| 331 | serpere | serpō | serpsī | - | *kriechen* |
| 332 | contemnere | contemnō | contempsī | contemptum | *verachten, nicht beachten* |
| 333 | coquere | coquō | coxī | coctum | *kochen* |
| 334 | dīcere | dīcō | dīxī | dictum | *sagen, sprechen* |
| 335 | ēdīcere | ēdīcō | ēdīxī | ēdictum | *verordnen* |
| 336 | indīcere | indīcō | indīxī | indictum | *ankündigen* |
| 337 | interdīcere | interdīcō | interdīxī | interdictum | *verbieten* |
| 338 | praedīcere | praedīcō | praedīxī | praedictum | *vorhersagen* |
| 339 | dūcere | dūcō | dūxī | ductum | *führen, halten für* |
| 340 | abdūcere | abdūcō | abdūxī | abductum | *wegführen, abbringen* |
| 341 | addūcere | addūcō | addūxī | adductum | *hinführen, veranlassen* |
| 342 | condūcere | condūcō | condūxī | conductum | *zusammenführen, anwerben, mieten* |
| | | condūcit | condūxit | | *es nützt/hat genützt* |
| 343 | dēdūcere | dēdūcō | dēdūxī | dēductum | *hinabführen, wegführen* |
| 344 | ēdūcere | ēdūcō | ēdūxī | ēductum | *herausführen* |
| 345 | indūcere | indūcō | indūxī | inductum | *(hin)einführen, verleiten* |

| | | | | | |
|---|---|---|---|---|---|
| 346 | perdūcere | perdūcō | perdūxī | perductum | *(ans Ziel) bringen* |
| 347 | prōdūcere | prōdūcō | prōdūxī | prōdūctum | *vorführen, hervorbringen* |
| 348 | redūcere | redūcō | redūxī | reductum | *zurückführen* |
| 349 | subdūcere | subdūcō | subdūxī | subductum | *wegbringen, entziehen* |
| 350 | trādūcere | trādūcō | trādūxī | trāductum | *hinüberführen* |
| 351 | trahere | trahō | trāxī | tractum | *ziehen, schleppen* |
| 352 | abstrahere | abstrahō | abstrāxī | abstractum | *wegschleppen, entziehen* |
| 353 | contrahere | contrahō | contrāxī | contractum | *zusammenziehen* |
| 354 | dētrahere | dētrahō | dētrāxī | dētractum | *herabziehen, wegnehmen* |
| 355 | extrahere | extrahō | extrāxī | extractum | *herausziehen* |
| 356 | vehere | vehō | vēxī | vectum | *bewegen, fahren (trans.)* |
| 357 | afflīgere | afflīgō | afflīxī | afflīctum | *anschlagen* |
| 358 | cōnflīgere | cōnflīgō | cōnflīxī | cōnflictum | *zusammengeraten, kämpfen* |
| 359 | regere | regō | rēxī | rēctum | *lenken, leiten* |
| 360 | corrigere | corrigō | corrēxī | corrēctum | *berichtigen, verbessern* |
| 361 | ērigere | ērigō | ērēxī | ērēctum | *aufrichten, ermutigen* |
| 362 | porrigere | porrigō | porrēxī | porrēctum | *hinstrecken, darreichen* |
| 363 | pergere | pergō | perrēxī | perrēctum | *fortfahren (zu tun)* |
| 364 | surgere | surgō | surrēxī | surrēctum | *sich erheben, aufstehen* |
| 365 | tegere | tegō | tēxī | tēctum | *decken, bedecken* |
| 366 | dētegere | dētegō | dētēxī | dētēctum | *aufdecken, entdecken* |
| 367 | prōtegere | prōtegō | prōtēxī | prōtēctum | *schützen, beschirmen* |
| 368 | fingere | fingō | fīnxī | fictum | *gestalten, erdichten* |
| 369 | pingere | pingō | pīnxī | pictum | *(be)malen, ausmalen* |
| 370 | stringere | stringō | strīnxī | strictum | *schnüren, streifen, (das Schwert) ziehen* |
| 371 | cingere | cingō | cīnxī | cīnctum | *(um)gürten, umgeben* |
| 372 | iungere | iungō | iūnxī | iūnctum | *verbinden* |
| 373 | coniungere | coniungō | coniūnxī | coniūnctum | *verbinden* |
| 374 | sēiungere | sēiungō | sēiūnxī | sēiūnctum | *trennen* |
| 375 | exstinguere | exstinguō | exstīnxī | exstīnctum | *auslöschen* |
| 376 | distinguere | distinguō | distīnxī | distīnctum | *unterscheiden* |
| 377 | tingere | tingō | tīnxī | tīnctum | *färben* |
| 378 | unguere | unguō | ūnxī | ūnctum | *salben* |
| 379 | fluere | fluō | flūxī | - | *fließen* |
| 380 | struere | struō | strūxī | strūctum | *bauen* |
| 381 | exstruere | exstruō | exstrūxī | exstrūctum | *aufhäufen, errichten* |
| 382 | īnstruere | īnstruō | īnstrūxī | īnstrūctum | *aufstellen, ausstatten, unterrichten* |
| 383 | vīvere | vīvō | vīxī | vīctūrus | *leben* |
| 384 | gerere | gerō | gessī | gestum | *(aus)führen, tragen* |
| 385 | ūrere | ūrō | ussī | ustum | *etw. (ver)brennen* |
| 386 | combūrere | combūrō | combussī | combustum | *verbrennen* |
| 387 | mittere | mittō | mīsī | missum | *gehen lassen, schicken* |
| 388 | admittere | admittō | admīsī | admissum | *zulassen* |
| 389 | āmittere | āmittō | āmīsī | āmissum | *verlieren* |
| 390 | committere | committō | commīsī | commissum | *zusammenbringen, ausführen, anvertrauen* |
| 391 | dēmittere | dēmittō | dēmīsī | dēmissum | *hinab-/herablassen, senken* |

| | | | | | |
|---|---|---|---|---|---|
| 392 | dīmittere | dīmittō | dīmīsī | dīmissum | *entlassen, aufgeben* |
| 393 | omittere | omittō | omīsī | omissum | *aufgeben, (unter)lassen* |
| 394 | permittere | permittō | permīsī | permissum | *überlassen, erlauben* |
| 395 | prōmittere | prōmittō | prōmīsī | prōmissum | *versprechen* |
| 396 | remittere | remittō | remīsī | remissum | *zurückschicken, nachlassen* |
| 397 | cēdere | cēdō | cessī | cessūrus | *gehen, weichen* |
| 398 | accēdere | accēdō | accessī | accessūrus | *heranrücken, hinzutreten* |
| 399 | concēdere | concēdō | concessī | concessum | *weichen, zugeben* |
| 400 | dēcēdere | dēcēdō | dēcessī | - | *weggehen, sterben* |
| 401 | discēdere | discēdō | discessī | - | *weggehen, scheiden* |
| 402 | excēdere | excēdō | excessī | - | *heraus-, hinausgehen (über)* |
| 403 | incēdere | incēdō | incessī | - | *eindringen, (feierlich) schreiten* |
| 404 | prōcēdere | prōcēdō | prōcessī | - | *vorrücken* |
| 405 | sēcēdere | sēcēdō | sēcessī | - | *beiseite gehen, weggehen* |
| 406 | succēdere | succēdō | successī | - | *nachrücken, nachfolgen* |
| 407 | claudere | claudō | clausī | clausum | *(ab)schließen, versperren* |
| 408 | inclūdere | inclūdō | inclūsī | inclūsum | *einschließen* |
| 409 | interclūdere | interclūdō | interclūsī | interclūsum | *absperren* |
| 410 | dīvidere | dīvidō | dīvīsī | dīvīsum | *trennen, teilen* |
| 411 | laedere | laedō | laesī | laesum | *verletzen, stoßen* |
| 412 | lūdere | lūdō | lūsī | lūsum | *spielen, scherzen* |
| 413 | illūdere | illūdō | illūsī | illūsum | *verspotten* |
| 414 | plaudere | plaudō | plausī | plausum | *(Beifall) klatschen* |
| 415 | explōdere | explōdō | explōsī | explōsum | *auszischen* |
| 416 | trūdere | trūdō | trūsī | trūsum | *stoßen* |
| 417 | rādere | rādō | rāsī | rāsum | *schaben* |
| 418 | rōdere | rōdō | rōsī | rōsum | *nagen* |
| 419 | vādere | vādō | - | - | *gehen* |
| 420 | ēvādere | ēvādō | ēvāsī | ēvāsūrus | *herausgehen, entkommen* |
| 421 | invādere | invādō | invāsī | invāsūrus | *eindringen, angreifen* |
| 422 | fīgere | fīgō | fīxī | fīxum | *anheften, befestigen* |
| 423 | trānsfīgere | trānsfīgō | trānsfīxī | trānsfīxum | *durchbohren* |
| 424 | flectere | flectō | flexī | flexum | *biegen, beugen* |
| 425 | mergere | mergō | mersī | mersum | *eintauchen, versenken* |
| 426 | dēmergere | dēmergō | dēmersī | dēmersum | *versenken* |
| 427 | spargere | spargō | sparsī | sparsum | *ausstreuen, besprengen* |
| 428 | premere | premō | pressī | pressum | *drücken* |
| 429 | opprimere | opprimō | oppressī | oppressum | *unterdrücken, überfallen* |
| 430 | exārdēscere | exārdēscō | exārsī | - | *entbrennen* |

## Reduplikationsperfekt

*Bei den Komposita meistens keine Reduplikation

| | | | | | |
|---|---|---|---|---|---|
| 431 | sistere | sistō | stetī (stitī) | statum | *stellen, sich hinstellen* |
| 432 | cōnsistere | cōnsistō | cōnstitī | - | *sich hinstellen, (stehen) bleiben* |
| 433 | dēsistere | dēsistō | dēstitī | - | *Abstand nehmen, aufhören* |
| 434 | ex(s)istere | ex(s)istō | exstitī | - | *auftreten, entstehen* |
| 435 | resistere | resistō | restitī | - | *Widerstand leisten, innehalten* |

| | | | | | |
|---|---|---|---|---|---|
| 436 | canere | canō | cecinī | (cantātum) | *singen, (ein Instrument) spielen, blasen* |
| 437 | tangere | tangō | tetigī | tāctum | *berühren* |
| 438 | contingere | contingō | contigī* | contāctum | *berühren, gelingen* |
| | | contingit | contigit* | | *es gelingt/ist gelungen* |
| 439 | tendere | tendō | tetendī | tentum | *spannen, strecken* |
| 440 | contendere | contendō | contendī* | contentum | *(sich) anstrengen, kämpfen, eilen* |
| 441 | intendere | intendō | intendī* | intentum | *etwas richten auf* |
| 442 | ostendere | ostendō | ostendī* | – | *entgegenstrecken, zeigen* |
| 443 | cadere | cadō | cecidī | cāsūrus | *fallen* |
| 444 | accidere | accidō | accidī* | – | *zustoßen, sich ereignen* |
| | | accidit | accidit* | | *es ereignet sich/hat sich ereignet* |
| 445 | concidere | concidō | concidī* | – | *zusammenbrechen, niederstürzen* |
| 446 | incidere | incidō | incidī* | – | *hineingeraten, vorfallen* |
| 447 | occidere | occidō | occidī* | – | *niederfallen, untergehen* |
| 448 | caedere | caedō | cecīdī | caesum | *fällen, töten* |
| 449 | occīdere | occīdō | occīdī* | occīsum | *niederschlagen, töten* |
| 450 | pendere | pendō | pependī | pēnsum | *abwiegen, bezahlen* |
| 451 | impendere | impendō | impendī* | impēnsum | *aufwenden* |
| 452 | currere | currō | cucurrī | cursum | *laufen* |
| 453 | accurrere | accurrō | accurrī* | accursum | *herbeieilen* |
| 454 | concurrere | concurrō | concurrī* | concursum | *zusammenlaufen, zusammenstoßen* |
| 455 | dēcurrere | dēcurrō | dēcurrī* | dēcursum | *herablaufen* |
| 456 | occurrere | occurrō | occurrī* | – | *begegnen, entgegentreten* |
| 457 | succurrere | succurrō | succurrī* | succursum | *zu Hilfe eilen* |
| 458 | fallere | fallō | fefellī | – | *täuschen, unbemerkt bleiben* |
| | | fallit | fefellit | falsus | *es entgeht/ist entgangen/falsch* |
| 459 | dēdere | dēdō | dēdidī | dēditum | *preisgeben, ausliefern* |
| 460 | ēdere | ēdō | ēdidī | ēditum | *herausgeben, äußern* |
| 461 | prōdere | prōdō | prōdidī | prōditum | *überliefern, verraten* |
| 462 | reddere | reddō | reddidī | redditum | *(zurück)geben, machen (zu)* |
| 463 | trādere | trādō | trādidī | trāditum | *übergeben, überliefern* |
| 464 | abdere | abdō | abdidī | abditum | *verbergen* |
| 465 | addere | addō | addidī | additum | *hinzufügen* |
| 466 | condere | condō | condidī | conditum | *gründen, bergen* |
| 467 | crēdere | crēdō | crēdidī | crēditum | *glauben, (an)vertrauen* |
| 468 | perdere | perdō | perdidī | perditum | *verderben, vernichten, verlieren* |
| 469 | vendere | vendō | vendidī | venditum | *verkaufen* |
| 470 | parcere | parcō | pepercī | parsūrus | *sparen, schonen* |
| 471 | pellere | pellō | pepulī | pulsum | *stoßen, (ver)treiben* |
| 472 | appellere | appellō | appulī* | appulsum | *herantreiben, landen* |
| 473 | dēpellere | dēpellō | dēpulī* | dēpulsum | *vertreiben* |
| 474 | expellere | expellō | expulī* | expulsum | *hinausstoßen, vertreiben* |
| 475 | impellere | impellō | impulī* | impulsum | *antreiben, veranlassen* |
| 476 | repellere | repellō | reppulī | repulsum | *zurückstoßen, abweisen* |
| 477 | tundere | tundō | tutudī | tūsum | *stoßen* |
| 478 | contundere | contundō | contudī* | contūsum | *zerstoßen* |
| 479 | bibere | bibō | bibī | – | *trinken* |

| | | | | | |
|---|---|---|---|---|---|
| 480 | pangere | pangō | pepigī | pāctum | *festmachen, abmachen* |
| 481 | findere | findō | fidī | fissum | *spalten* |
| 482 | percellere | percellō | perculī | perculsum | *erschüttern* |
| 483 | pungere | pungō | pupugī | pūnctum | *stechen* |
| 484 | scindere | scindō | scidī | scissum | *zerreißen, spalten* |
| 485 | rescindere | rescindō | rescidī | rescissum | *einreißen* |
| 486 | tollere | tollō | sustulī | sublātum | *aufheben, beseitigen* |
| 487 | tundere | tundō | tutudī | tūsum | *stoßen* |
| 488 | poscere | poscō | poposcī | (postulātum) | *fordern, verlangen* |
| 489 | dēposcere | dēposcō | dēpoposcī | – | *fordern, verlangen* |
| 490 | discere | discō | didicī | – | *lernen* |

## Dehnungsperfekt

* Einige Komposita mit s-Perfekt

| | | | | | |
|---|---|---|---|---|---|
| 491 | agere | agō | ēgī | āctum | *(be)treiben, (ver)handeln* |
| 492 | exigere | exigō | exēgī | exāctum | *heraustreiben, (ein)fordern, vollenden* |
| 493 | peragere | peragō | perēgī | perāctum | *durchführen, vollenden* |
| 494 | redigere | redigō | redēgī | redāctum | *zurückbringen, in einen Zustand bringen* |
| 495 | subigere | subigō | subēgī | subāctum | *unterwerfen* |
| 496 | cōgere | cōgō | coēgī | coāctum | *sammeln, zwingen* |
| 497 | frangere | frangō | frēgī | frāctum | *etw. (zer)brechen* |
| 498 | perfringere | perfringō | perfrēgī | perfrāctum | *durchbrechen* |
| 499 | emere | emō | ēmī | ēmptum | *kaufen* |
| 500 | adimere | adimō | adēmī | adēmptum | *wegnehmen* |
| 501 | coemere | coemō | coēmī | coēmptum | *zusammenkaufen, aufkaufen* |
| 502 | dirimere | dirimō | dirēmī | dirēmptum | *trennen* |
| 503 | dēmere | dēmō | dēmpsī* | dēmptum | *ab-, wegnehmen* |
| 504 | interimere | interemō | interēmī | interēmptum | *beseitigen* |
| 505 | prōmere | prōmō | prōmpsī* | prōmptum | *hervorholen* |
| 506 | sūmere | sūmō | sūmpsī* | sūmptum | *nehmen* |
| 507 | cōnsūmere | cōnsūmō | cōnsūmpsī* | cōnsūmptum | *verbrauchen* |
| 508 | legere | legō | lēgī | lēctum | *lesen, auslesen* |
| 509 | colligere | colligō | collēgī | collēctum | *sammeln* |
| 510 | dēligere | dēligō | dēlēgī | dēlēctum | *auswählen, wählen* |
| 511 | ēligere | ēligō | ēlēgī | ēlēctum | *auswählen, wählen* |
| 512 | perlegere | perlegō | perlēgī | perlēctum | *durchlesen* |
| 513 | dīligere | dīligō | dīlēxī* | dīlēctum | *(hoch)schätzen, lieben* |
| 514 | intellegere | intellegō | intellēxī* | intellēctum | *einsehen, verstehen* |
| 515 | neglegere | neglegō | neglēxī* | neglēctum | *vernachlässigen, nicht beachten* |
| 516 | relinquere | relinquō | relīquī | relictum | *zurücklassen, verlassen* |
| 517 | vincere | vincō | vīcī | victum | *siegen, besiegen* |
| 518 | convincere | convincō | convīcī | convictum | *jmd. einer Schuld überführen* |
| 519 | dēvincere | dēvincō | dēvīcī | dēvictum | *(völlig) besiegen* |
| 520 | rumpere | rumpō | rūpī | ruptum | *etw. (zer)brechen* |
| 521 | corrumpere | corrumpō | corrūpī | corruptum | *verderben, bestechen* |
| 522 | ērumpere | ērumpō | ērūpī | ēruptum | *ausbrechen, einen Ausfall machen* |

| | | | | | |
|---|---|---|---|---|---|
| 523 | interrumpere | interrumpō | interrūpī | interruptum | *unterbrechen* |
| 524 | irrumpere | irrumpō | irrūpī | irruptum | *einbrechen, eindringen* |
| 525 | edere | edō | ēdī | ēsum | *essen* |
| 526 | fundere | fundō | fūdī | fūsum | *(hin)gießen, vertreiben* |
| 527 | diffundere | diffundō | diffūdī | diffūsum | *zerstreuen, verbreiten* |
| 528 | effundere | effundō | effūdī | effūsum | *ausgießen, vergeuden* |
| 529 | cōnsīdere | cōnsīdō | cōnsēdī | cōnsessum | *sich setzen, sich niederlassen* |
| 530 | obsīdere | obsīdō | obsēdī | obsessum | *besetzen* |
| 531 | possīdere | possīdō | possēdī | possessum | *in Besitz nehmen* |

## Perfekt ohne Veränderung des Präsensstamms

| | | | | | |
|---|---|---|---|---|---|
| 532 | accendere | accendō | accendī | accēnsum | *anzünden* |
| 533 | incendere | incendō | incendī | incēnsum | *anzünden* |
| 534 | dēfendere | dēfendō | dēfendī | dēfēnsum | *abwehren, verteidigen* |
| 535 | offendere | offendō | offendī | offēnsum | *anstoßen, beleidigen* |
| 536 | prehendere | prehendō | prehendī | prehēnsum | *ergreifen* |
| 537 | comprehendere | comprehendō | comprehendī | comprehēnsum | *(er)fassen, verhaften* |
| 538 | reprehendere | reprehendō | reprehendī | reprehēnsum | *tadeln* |
| 539 | scandere | scandō | scandī | – | *steigen* |
| 540 | ascendere | ascendō | ascendī | ascēnsum | *hinaufsteigen* |
| 541 | dēscendere | dēscendō | dēscendī | dēscēnsum | *herabsteigen* |
| 542 | trānscendere | trānscendō | trānscendī | trānscēnsum | *überschreiten* |
| 543 | vertere | vertō | vertī | versum | *wenden* |
| 544 | āvertere | āvertō | āvertī | āversum | *abwenden* |
| 545 | convertere | convertō | convertī | conversum | *wenden, verwandeln* |
| 546 | ēvertere | ēvertō | ēvertī | ēversum | *umstürzen, zerstören* |
| 547 | animadvertere | animadvertō | animadvertī | animadversum | *wahrnehmen, einschreiten (gegen)* |
| 548 | āvellere | āvellō | āvellī | āvulsum | *abreißen* |
| 549 | ēvellere | ēvellō | ēvellī | ēvulsum | *herausreißen* |
| 550 | excellere | excellō | – | – | *hervorragen, sich auszeichnen* |
| 551 | furere | furō | – | – | *rasen, wüten* |
| 552 | vergere | vergō | – | – | *sich neigen* |
| 553 | verrere | verrō | – | – | *fegen* |
| 554 | vīsere | vīsō | – | – | *besichtigen* |
| 555 | acuere | acuō | acuī | – | *schärfen* |
| | | | | acūtus | *spitz* |
| 556 | minuere | minuō | minuī | minūtum | *(ver)mindern* |
| 557 | statuere | statuō | statuī | statūtum | *aufstellen, feststellen, beschließen* |
| 558 | cōnstituere | cōnstituō | cōnstituī | cōnstitūtum | *festsetzen, beschließen* |
| 559 | īnstituere | īnstituō | īnstituī | īnstitūtum | *einrichten, unterrichten* |
| 560 | restituere | restituō | restituī | restitūtum | *wiederherstellen* |
| 561 | metuere | metuō | metuī | – | *fürchten* |
| 562 | tribuere | tribuō | tribuī | tribūtum | *zuteilen, verteilen* |
| 563 | attribuere | attribuō | attribuī | attribūtum | *zuteilen, zuweisen* |
| 564 | distribuere | distribuō | distribuī | distribūtum | *verteilen* |
| 565 | induere | induō | induī | indūtum | *etw. anziehen, anlegen* |
| 566 | exuere | exuō | exuī | exūtum | *etw. ausziehen, jmd. berauben* |

| | | | | | |
|---|---|---|---|---|---|
| 567 | ruere | ruō | ruī | ruitūrus | *sich stürzen, eilen, stürmen* |
| 568 | corruere | corruō | corruī | - | *zusammenstürzen* |
| 569 | irruere | irruō | irruī | - | *einfallen* |
| 570 | obruere | obruō | obruī | obrutum | *überschütten* |
| 571 | congruere | congruō | congruī | - | *übereinstimmen* |
| 572 | arguere | arguō | arguī | (accusātum) | *behaupten, anklagen* |
| 573 | coarguere | coarguō | coarguī | - | *(gerichtlich) überführen* |
| 574 | luere | luō | luī | luitūrus | *lösen, zahlen, büßen* |
| 575 | abluere | abluō | abluī | ablūtum | *abwaschen* |
| 576 | dīluere | dīluō | dīluī | dīlūtum | *auflösen* |
| 577 | polluere | polluō | polluī | pollūtum | *verschmutzen* |
| 578 | solvere | solvō | solvī | solūtum | *lösen, zahlen* |
| 579 | absolvere | absolvō | absolvī | absolūtum | *freisprechen, vollenden* |
| 580 | dissolvere | dissolvō | dissolvī | dissolūtum | *auflösen* |
| 581 | volvere | volvō | volvī | volūtum | *wälzen, rollen* |

## Deponentien

| | | | | |
|---|---|---|---|---|
| 582 | fungī | fungor | fūnctus sum | (Abl.) *verrichten, verwalten* |
| 583 | dēfungī | dēfungor | dēfūnctus sum | *erledigen, sterben* |
| 584 | lābī | lābor | lāpsus sum | *gleiten, fallen* |
| 585 | collābī | collābor | collāpsus sum | *zusammenfallen, -brechen* |
| 586 | dīlābī | dīlābor | dīlāpsus sum | *zergehen, zerfallen* |
| 587 | ēlābī | ēlābor | ēlāpsus sum | *entgleiten* |
| 588 | querī | queror | questus sum | *klagen, beklagen* |
| 589 | vehī | vehor | vectus sum | *fahren* |
| 590 | loquī | loquor | locūtus sum | *reden, sprechen* |
| 591 | alloquī | alloquor | allocūtus sum | *ansprechen* |
| 592 | colloquī | colloquor | collocūtus sum | *sich unterreden* |
| 593 | sequī | sequor | secūtus sum | (Akk.) *folgen* |
| 594 | assequī | assequor | assecūtus sum | *erreichen, erlangen* |
| 595 | cōnsequī | cōnsequor | cōnsecūtus sum | *einholen, erlangen* |
| 596 | exsequī | exsequor | exsecūtus sum | *ausführen, verfolgen* |
| 597 | obsequī | obsequor | obsecūtus sum | *gehorchen* |
| 598 | persequī | persequor | persecūtus sum | *verfolgen* |
| 599 | fruī | fruor | fruitūrus | (Abl.) *genießen* |
| 600 | perfruī | perfruor | perfrūctus sum | *genießen* |
| 601 | lābī | lābor | lāpsus sum | *gleiten, fallen* |
| 602 | ēlābī | ēlābor | ēlāpsus sum | *entschlüpfen* |
| 603 | ūtī | ūtor | ūsus sum | (Abl.) *benutzen, gebrauchen* |
| 604 | abūtī | abūtor | abūsus sum | *missbrauchen* |
| 605 | nītī | nītor | nīsus/nīxus sum | *sich stützen, streben* |
| 606 | amplectī | amplector | amplexus sum | *umarmen, umfassen* |
| 607 | complectī | complector | complexus sum | *umfassen, umschließen* |
| 608 | nāscī | nāscor | nātus sum | *geboren werden, entstehen* |
| 609 | nancīscī | nancīscor | na(n)ctus sum | *(durch Zufall) erlangen* |
| 610 | ulcīscī | ulcīscor | ultus sum | *(sich) rächen* |

| | | | | |
|---|---|---|---|---|
| 611 | īrāscī | īrāscor | – | *zürnen, grollen* |
| | | | irātus | *zornig* |
| 612 | adipīscī | adipīscor | adeptus sum | *(durch Anstrengung) erlangen, erreichen* |
| 613 | proficīscī | proficīscor | profectus sum | *hervorgehen, aufbrechen, (ab)marschieren* |
| 614 | comminīscī | comminīscor | commentus sum | *ersinnen* |
| 615 | reminīscī | reminīscor | (recordātus sum) | *sich erinnern* |
| 616 | oblīvīscī | oblīvīscor | oblītus sum | *vergessen* |
| 617 | vēscī | vēscor | (vīxī) | *sich nähren* |
| 618 | expergīscī | expergīscor | experrēctus sum | *erwachen* |
| 619 | pacīscī | pacīscor | pactus sum | *festmachen, abmachen* |

### Semideponentien

| | | | | |
|---|---|---|---|---|
| 620 | fīdere | fīdō | fīsus sum | *(ver)trauen* |
| 621 | cōnfīdere | cōnfīdō | cōnfīsus sum | *(ver)trauen* |
| 622 | diffīdere | diffīdō | diffīsus sum | *misstrauen* |
| 623 | revertī | revertor | revertī | *zurückkehren* |
| | | | reversus | *zurückgekehrt* |
| 624 | dēvertī | dēvertor | dēvertī | *einkehren* |

## Verben der gemischten Konjugation

### v-Perfekt

| | | | | | |
|---|---|---|---|---|---|
| 625 | cupere | cupiō | cupīvī | cupītum | *begehren, wünschen* |

### u-Perfekt

| | | | | | |
|---|---|---|---|---|---|
| 626 | ēlicere | ēliciō | ēlicuī | ēlicitum | *hervorlocken* |
| 627 | rapere | rapiō | rapuī | raptum | *raffen, rauben* |
| 628 | arripere | arripiō | arripuī | arreptum | *an sich reißen* |
| 629 | dīripere | dīripiō | dīripuī | dīreptum | *plündern* |
| 630 | ēripere | ēripiō | ēripuī | ēreptum | *entreißen* |
| 631 | allicere | alliciō | allicuī | allicitum | *anlocken* |
| 632 | illicere | illiciō | illicuī | illicitum | *verlocken* |
| 633 | perlicere | perliciō | perlicuī | perlicitum | *verlocken* |

### s-Perfekt

| | | | | | |
|---|---|---|---|---|---|
| 634 | āspicere | āspiciō | āspexī | āspectum | *hinblicken, ansehen* |
| 635 | cōnspicere | cōnspiciō | cōnspexī | cōnspectum | *erblicken, ansehen* |
| 636 | dēspicere | dēspiciō | dēspexī | dēspectum | *herabsehen, verachten* |
| 637 | prōspicere | prōspiciō | prōspexī | prōspectum | *vorhersehen, sorgen für* |
| 638 | respicere | respiciō | respexī | respectum | *berücksichtigen* |
| 639 | quatere | quatiō | – | – | *erschüttern* |
| 640 | concutere | concutiō | concussī | concussum | *schütteln, erschüttern* |
| 641 | excutere | excutio | excussī | excussum | *abschütteln* |
| 642 | percutere | percutiō | percussī | percussum | *erschüttern, durchstoßen* |

## Reduplikationsperfekt

| | | | | | |
|---|---|---|---|---|---|
| 643 | parere | pariō | peperī | partum (paritūrus) | *hervorbringen, gebären, erwerben* |

## Dehnungsperfekt

| | | | | | |
|---|---|---|---|---|---|
| 644 | capere | capiō | cēpī | captum | *fassen, fangen, nehmen* |
| 645 | accipere | accipiō | accēpī | acceptum | *annehmen, empfangen, vernehmen* |
| 646 | concipere | concipiō | concēpī | conceptum | *empfangen, erfassen* |
| 647 | dēcipere | dēcipiō | dēcēpī | dēceptum | *täuschen* |
| 648 | excipere | excipiō | excēpī | exceptum | *ausnehmen, aufnehmen* |
| 649 | percipere | percipiō | percēpī | perceptum | *erfassen, wahrnehmen* |
| 650 | praecipere | praecipiō | praecēpī | praeceptum | *vorwegnehmen, vorschreiben* |
| 651 | recipere | recipiō | recēpī | receptum | *zurücknehmen, aufnehmen* |
| 652 | suscipere | suscipiō | suscēpī | susceptum | *unternehmen, aufnehmen* |
| 653 | incipere | incipiō | coepī (inceptum) | coeptum (inceptum) | *anfangen, beginnen* |
| 654 | facere | faciō | fēcī | factum | *machen, tun* |
| 655 | assuēfacere | assuēfaciō | assuēfēcī | assuēfactum | *gewöhnen* |
| 656 | calefacere | calefaciō | calefēcī | calefactum | *wärmen* |
| 657 | patefacere | patefaciō | patefēcī | patefactum | *öffnen, aufdecken* |
| 658 | satisfacere | satisfaciō | satisfēcī | satisfactum | (Dat.) *befriedigen* |
| 659 | afficere | afficiō | affēcī | affectum | *versehen mit, behandeln* |
| 660 | cōnficere | cōnficiō | cōnfēcī | cōnfectum | *vollenden, aufreiben* |
| 661 | dēficere | dēficiō | dēfēcī | dēfectum | *abfallen, ausgehen, fehlen* |
| 662 | efficere | efficiō | effēcī | effectum | *fertigbringen, bewirken* |
| 663 | interficere | interficiō | interfēcī | interfectum | *niedermachen, töten* |
| 664 | perficere | perficiō | perfēcī | perfectum | *vollenden, durchsetzen* |
| 665 | praeficere | praeficiō | praefēcī | praefectum | *an die Spitze stellen* |
| 666 | prōficere | prōficiō | prōfēcī | prōfectum | *Fortschritte machen, nützen* |
| 667 | reficere | reficiō | refēcī | refectum | *wiederherstellen* |
| 668 | iacere | iaciō | iēcī | iactum | *werfen, schleudern* |
| 669 | abicere | abiciō | abiēcī | abiectum | *wegwerfen* |
| 670 | adicere | adiciō | adiēcī | adiectum | *hinzufügen* |
| 671 | conicere | coniciō | coniēcī | coniectum | *(zusammen)werfen, vermuten* |
| 672 | dēicere | dēiciō | dēiēcī | dēiectum | *herabwerfen* |
| 673 | ēicere | ēiciō | ēiēcī | ēiectum | *hinauswerfen, vertreiben* |
| 674 | inicere | iniciō | iniēcī | iniectum | *hineinwerfen, (Schrecken) einjagen* |
| 675 | obicere | obiciō | obiēcī | obiectum | *entgegenwerfen, vorwerfen* |
| 676 | subicere | subiciō | subiēcī | subiectum | *unterwerfen* |
| 677 | trāicere | trāiciō | trāiēcī | trāiectum | *hinüberbringen, übersetzen* |
| 678 | fodere | fodiō | fōdī | fossum | *graben, stechen* |
| 679 | fugere | fugiō | fūgī | fugitūrus | *fliehen, meiden* |
| | | fugit | fūgit | | *es entgeht/ist verborgen geblieben* |
| 680 | aufugere | aufugiō | aufūgī | – | *entfliehen* |
| 681 | cōnfugere | cōnfugiō | cōnfūgī | – | *fliehen* |
| 682 | effugere | effugiō | effūgī | – | *entkommen* |
| 683 | perfugere | perfugiō | perfūgī | – | *sich flüchten, überlaufen* |
| 684 | profugere | profugiō | profūgī | – | *flüchten* |

## Deponentien

| | | | | |
|---|---|---|---|---|
| 685 | morī | morior | mortuus sum | *sterben* |
| | | | moritūrus | *dem Tod geweiht* |
| 686 | patī | patior | passus sum | *leiden, zulassen* |
| 687 | perpetī | perpetior | perpessus sum | *erdulden* |
| 688 | gradī | gradior | gressus sum | *schreiten* |
| 689 | aggredī | aggredior | aggressus sum | *angreifen* |
| 690 | ēgredī | ēgredior | ēgressus sum | *hinausgehen* |
| 691 | ingredī | ingredior | ingressus sum | *betreten, schreiten* |
| 692 | prōgredī | prōgredior | prōgressus sum | *vorrücken* |

# Unregelmäßige Verben

## esse und seine Komposita

| | | | | | |
|---|---|---|---|---|---|
| 693 | esse | sum | fuī | – | *sein* |
| 694 | abesse | absum | āfuī | – | *abwesend sein, entfernt sein* |
| 695 | adesse | adsum | affuī/adfuī | – | *anwesend sein, helfen* |
| 696 | dēesse | dēsum | dēfuī | – | *fehlen* |
| 697 | inesse | insum | (fuī) | – | *darin sein* |
| 698 | interesse | intersum | interfuī | – | *teilnehmen* |
| | | interest | interfuit | – | *es liegt daran/hat daran gelegen* |
| 699 | praeesse | praesum | praefuī | – | *voranstehen, leiten* |
| 700 | superesse | supersum | superfuī | – | *übrig sein, überleben* |
| 701 | posse | possum | potuī | – | *können* |
| 702 | prōdesse | prōsum | prōfuī | – | *nützen* |

## ferre und seine Komposita

| | | | | | |
|---|---|---|---|---|---|
| 703 | ferre | ferō | tulī | lātum | *tragen, bringen* |
| 704 | afferre | afferō | attulī | allātum | *herbeibringen, -tragen* |
| 705 | auferre | auferō | abstulī | ablātum | *wegtragen, -nehmen* |
| 706 | cōnferre | cōnferō | cōntulī | collātum | *zusammentragen, vergleichen* |
| 707 | dēferre | dēferō | dētulī | dēlātum | *überbringen, melden* |
| 708 | differre | differō | distulī | dīlātum | *verschieben, sich unterscheiden* |
| 709 | efferre | efferō | extulī | ēlātum | *hinaustragen, bestatten* |
| 710 | īnferre | īnferō | īntulī | illātum | *hineintragen, zufügen* |
| 711 | offerre | offerō | obtulī | oblātum | *anbieten* |
| 712 | perferre | perferō | pertulī | perlātum | *ertragen, überbringen* |
| 713 | referre | referō | rettulī | relātum | *zurückbringen, berichten, beziehen auf* |
| | | rēfert | rētulit | | *es liegt daran/hat daran gelegen* |
| 714 | trānsferre | trānsferō | trānstulī | trānslātum | *hinüberbringen, übertragen* |
| 715 | (tollere) | (tollo) | sustulī | sublātum | *aufheben, beseitigen* |

## īre und seine Komposita

| | | | | | |
|---|---|---|---|---|---|
| 716 | īre | eō | iī | itum | *gehen* |
| 717 | abīre | abeō | abiī | abitum | *weggehen* |

| | | | | | |
|---|---|---|---|---|---|
| 718 | adīre | adeō | adiī | aditum | *herangehen, aufsuchen* |
| 719 | coīre | coeō | coiī | coitum | *zusammenkommen* |
| 720 | exīre | exeō | exiī | exitum | *herausgehen* |
| 721 | obīre | obeō | obiī | obitum | *besuchen, entgegengehen* |
| 722 | perīre | pereō | periī | peritum | *zugrunde gehen* |
| 723 | praeterīre | praetereō | praeteriī | praeteritum | *vorbeigehen, übergehen* |
| | | praeterit | praeteriit | | *es entgeht/ist entgangen* |
| 724 | subīre | subeō | subiī | subitum | *unternehmen* |
| 725 | trānsīre | trānseō | trānsiī | trānsitum | *überschreiten* |
| 726 | vēnīre | vēneō | vēniī | - | *verkauft werden* |

### velle, nōlle, mālle

| | | | | | |
|---|---|---|---|---|---|
| 727 | velle | volō | voluī | - | *wollen* |
| 728 | nōlle | nōlō | nōluī | - | *nicht wollen* |
| 729 | mālle | mālō | māluī | - | *lieber wollen* |

## Verba defectiva

| | | | | | |
|---|---|---|---|---|---|
| 730 | coepisse | - | coepī | - | *angefangen haben* |
| 731 | meminisse | - | meminī | - | *sich erinnern* |
| 732 | ōdisse | - | ōdī | ōsūrus | *hassen* |
| 733 | - | āiō (āis, āit, āiunt) | - | - | *ich sage, ich behaupte (du sagst/behauptest, er/sie/es sagt/behauptet, sie sagen/behaupten)* |
| 734 | - | inquit | inquit | - | *sagt er/sie/es / sagte er/sie/es* |
| 735 | - | quaesō | - | - | *(ich) bitte* |
| 736 | - | avē(te)! | - | - | *sei(d) gegrüßt!* |
| 737 | - | salvē(te)! | - | - | *sei(d) gegrüßt!* |

## Wichtige unpersönliche Verben

| | | | | |
|---|---|---|---|---|
| 738 | accidere | accidit | accidit | *es ereignet sich* |
| 739 | appārēre | appāret | appāruit | *es ist offenkundig* |
| 740 | condūcere | condūcit | condūxit | *es nützt* |
| 741 | cōnstāre | cōnstat | cōnstitit | *es steht fest* |
| 742 | contingere | contingit | contigit | *es gelingt, es glückt* |
| 743 | decēre | decet | decuit | *es ziemt sich* |
| 744 | dēdecēre | dēdecet | dēdecuit | *es ziemt sich nicht* |
| 745 | ēvenīre | ēvenit | ēvēnit | *es ereignet sich* |
| 746 | expedīre | expedit | - | *es nützt* |
| 747 | fallere | fallit | fefellit | *es entgeht, bleibt verborgen* |
| 748 | fugere | fugit | fūgit | *es entgeht, bleibt verborgen* |
| 749 | interesse | interest | interfuit | *es liegt daran, es ist wichtig* |
| 750 | iuvāre | iuvat | iūvit | *es freut* |
| 751 | libēre | libet | libuit | *es beliebt* |

| | | | | |
|---|---|---|---|---|
| 752 | licēre | licet | licuit | *es ist erlaubt* |
| 753 | liquēre | liquet | – | *es ist klar* |
| 754 | miserēre | miseret | – | *es tut leid* |
| 755 | oportēre | oportet | oportuit | *es ist in Ordnung, es muss* |
| 756 | paenitēre | paenitet | paenituit | *es reut* |
| 757 | pigēre | piget | piguit | *es verdrießt* |
| 758 | placēre | placet | placuit | *es gefällt, man beschließt* |
| 759 | praestāre | praestat | praestitit | *es ist besser* |
| 760 | praeterīre | praeterit | praeteriit | *es entgeht, bleibt verborgen* |
| 761 | pudere | pudet | puduit | *es beschämt* |
| 762 | rēferre | rēfert | rētulit | *es liegt daran, es ist wichtig* |
| 763 | taedēre | taedet | taesum est | *es ekelt* |

# Übungen

## Abschlusstests

## Lösungen

## Alphabetische Verbliste

# 1. & 2. Lernjahr – Das Präsens (Aktiv)

**1. Zu welcher Konjugation gehören die folgenden Verben? Ordne sie zu.**

videre ▪ amare ▪ aperire ▪ currere ▪ trahere ▪ rapere
adiuvare ▪ docere ▪ sentire ▪ capere

| a-Konj. | e-Konj. | i-Konj. | kons. Konj. | gem. Konj. |
|---|---|---|---|---|
| | | | | |

**2. Bilde von den folgenden Verben die angegebenen Formen im Indikativ Präsens Aktiv.**

**1.** mittere ____________ (2. Pers. Pl.)
**2.** capere ____________ (3. Pers. Pl.)
**3.** dicere ____________ (1. Pers. Sg.)
**4.** ducere ____________ (2. Pers. Sg.)
**5.** cadere ____________ (3. Pers. Pl.)
**6.** iacere ____________ (1. Pers. Pl.)

**3. Bilde von den Verben die angegebene Form im Indikativ Präsens Aktiv.**

**1.** clamare (1. Pers. Sg.) ____________________
**2.** sentire (2. Pers. Sg.) ____________________
**3.** vocare (3. Pers. Pl.) ____________________
**4.** gaudere (2. Pers. Sg.) ____________________
**5.** videre (1. Pers. Pl.) ____________________
**6.** aperire (3. Pers. Pl.) ____________________
**7.** respondere (2. Pers. Pl.) ____________________
**8.** interrogare (3. Pers. Sg.) ____________________

**4. Bestimme die folgenden Verbformen und übersetze sie.**

1. videmus ______
2. portant ______
3. interrogatis ______
4. sentimus ______
5. moneo ______
6. adiuvatis ______
7. docent ______
8. venit ______

**5. Bestimme die Verbformen und die jeweilige Konjugationsklasse. Bilde dann die entsprechende Form von dem im Infinitiv angegebenen Verb.**

*Bsp.: mittis:* 2. Sg. Ind. Präs. Akt., kons. Konj. → *laudare:* laudas

1. clamant: ______ → iacere: ______
2. fugimus: ______ → monere: ______
3. lavatis: ______ → capere: ______
4. duco: ______ → venire: ______
5. rapit: ______ → dicere: ______
6. tacent ______ → trahere: ______

**6. Welche Formenbestimmung ist die richtige? Verbinde.**

| | |
|---|---|
| timent | 3. Pers. Sg. |
| curris | 2. Pers. Sg. |
| ludimus | 1. Pers. Sg. |
| intratis | 1. Pers. Pl. |
| doleo | 3. Pers. Pl. |
| decipit | 2. Pers. Pl. |

**7. Bilde das passende Prädikat im Präsens und setze es ein. Achte auf Person und Numerus. Übersetze anschließend die Sätze.**

1. Claudia villam ________________ (intrare).

   ________________________________________

2. Magistri discipulos non semper ________________ (laudare).

   ________________________________________

3. In foro Romano templa arcusque ________________ (videre, nos).

   ________________________________________

4. Cur in curiam ________________ (contendere), domine?

   ________________________________________

5. Amicae litteras ________________ (scribere, ego).

   ________________________________________

6. Non scholae, sed vitae ________________ (discere, vos).

   ________________________________________

## Das Imperfekt (Aktiv)

**1. Finde in der Wortschlange alle Imperfektformen. Schreibe sie heraus, bestimme und übersetze sie.**

timemusrelinquebanturbasveniebasprobamusparantcapiebamdabatisverba

________________________________________

________________________________________

________________________________________

________________________________________

________________________________________

**2. Bilde aus den Bausteinen alle Imperfektformen, die möglich sind.**

| | | |
|---|---|---|
| faci- | | -m |
| para- | -ba- | -s |
| curr- | -eba- | -t |
| inveni- | | -mus |
| stude- | | -tis |
| | | -nt |

**3. Bilde aus den Präsensformen die entsprechenden Formen im Imperfekt Aktiv und übersetze diese.**

*Beispiel:*
*mittis → mittebas: du schicktest*

**1.** puto ____________________

**2.** prohibemus ____________________

**3.** ducit ____________________

**4.** fugiunt ____________________

**5.** auditis ____________________

**6.** discis ____________________

**4. Bilde aus den folgenden Infinitiven Imperfektformen, die den deutschen Übersetzungen entsprechen.**

dormire intrare mittere iacere portare habere

**1.** ich warf ________________

**2.** du brachtest ________________

**3.** wir schickten ________________

**4.** ihr tratet ein ________________

**5.** sie hatte ________________

**6.** sie schliefen ________________

# Perfekt und Plusquamperfekt (Aktiv)

**1. Alles Perfekt? Unterstreiche in jeder Reihe das schwarze Schaf und bestimme dessen Form.**

1. misisti - delectaverunt - contemnimus - reximus
2. reliquistis - movent - cecidit - peperci
3. debebas - cessaverunt - habuit - invenistis
4. finivit - eripuimus - decrevi - ascenditis

**2. Ordne die Perfektformen der Art der Perfektbildung zu und übersetze sie. Nenne auch den Infinitiv Präsens.**

~~decessit~~ effugimus rexistis fefelli accusavit
tacuerunt comprehendisti deleverunt dedistis
debui interfecisti respondimus

v-Perfekt

____________________

____________________

u-Perfekt

____________________

____________________

s-Perfekt

*decessit*

____________________

Reduplikationsperfekt

____________________

____________________

Dehnungsperfekt

____________________

____________________

Stammperfekt

____________________

____________________

**3. Setze die Perfektformen aus Aufgabe 2 zunächst ins Plusquamperfekt und übersetze sie dann.**

**4. Ergänze in der Tabelle die fehlenden Formen. Achte auf Person und Numerus.**

| Präsens | Imperfekt | Perfekt | Plusquamperfekt |
|---|---|---|---|
| adhibeo | | | |
| | | explevimus | |
| | movebam | | |
| | | | duxeratis |
| | accipiebant | | |
| parat | | | |
| | | | exstinxeras |
| | | credidit | |
| iaciunt | | | |
| | faciebas | | |

**5. Imperfekt oder Perfekt? Streiche die falsche Form durch. Übersetze anschließend die Sätze.**

**1.** Aeneas sociique e Troia **fugiebant/fugerunt**, postquam Graeci Troianos **vincebant/vicerunt**.

______________________________________________

______________________________________________

**2.** Diu **navigabant/navigaverunt**. Denique Carthaginem **perveniebant/ pervenerunt**.

______________________________________________

______________________________________________

**3.** Dido, regina Carthaginiensium, eos **salutabat/salutavit** et **invitabat/ invitavit.**

______________________________________________

______________________________________________

**4.** Nocte Aeneas non **dormiebat/dormivit**, quia armore **ardebat/arsit.**

______________________________________________

______________________________________________

**5.** Iuppiter autem Aeneam Carthaginem Didonemque relinquere **iubebat/ iussit.**

______________________________________________

______________________________________________

**6.** Postquam Aeneas clam **fugiebat/fugit,** Dido mortem sibi **consciscebat/ conscivit.**

______________________________________________

______________________________________________

**6. Setze das passende Verb im Plusquamperfekt Aktiv ein und übersetze.**

illuderat  invenerat  condiderat  transiluerat

**1.** Romulus Remusque, quos pastor Faustulus prope Tiberim (Tiber, -is m – Tiber) ________________, cum pastoribus vivebant.

**2.** Romulus Remum fratrem ira incensus interfecit, quia ille muros novos ________________ et eum ________________.

**3.** Romani Romulum, qui urbem Romam ________________, ut deum coluerunt.

## Futur I und II (Aktiv)

**1. Ergänze die fehlenden Formen im Futur I Aktiv.**

| a-Konjugation | Singular | Plural |
|---|---|---|
| 1. Pers. | cantabo | |
| 2. Pers. | | cantabitis |
| 3. Pers. | | |

| e-Konjugation | Singular | Plural |
|---|---|---|
| 1. Pers. | | |
| 2. Pers. | habebis | |
| 3. Pers. | | habebunt |

| i-Konjugation | Singular | Plural |
|---|---|---|
| 1. Pers. | | muniemus |
| 2. Pers. | | |
| 3. Pers. | muniet | |

| kons. Konjugation | Singular | Plural |
|---|---|---|
| **1. Pers.** | mittam | |
| **2. Pers.** | | |
| **3. Pers.** | mittet | |

| gem. Konjugation | Singular | Plural |
|---|---|---|
| **1. Pers.** | | |
| **2. Pers.** | | rapietis |
| **3. Pers.** | rapiet | |

**2. Bilde von den Präsensformen die entsprechenden im Futur I Aktiv und umgekehrt. Übersetze die neu gebildeten Formen.**

*Beispiel: mitto → mittam, ich werde schicken*

**1.** cadimus ______________________

**2.** ornabunt ______________________

**3.** facio ______________________

**4.** apparet ______________________

**5.** condes ______________________

**6.** punitis ______________________

**7.** navigo ______________________

**8.** recipiemus ______________________

**9.** tacent ______________________

**10.** relinquam ______________________

**3. Bilde Futur-II-Aktiv-Formen, indem Du Tempuszeichen und Personalendungen ergänzt.**

| | Singular | Plural |
|---|---|---|
| **1. Pers.** | narrav_____ | fefell_____ |
| **2. Pers.** | eripu_____ | leg_____ |
| **3. Pers.** | sens_____ | volv_____ |

**4. Irrläufer gesucht. Welche Form ist kein Futur II? Streiche sie durch und bestimme das Tempus.**

1. siveris – habuero – respondebo – petiverimus
2. cesserit – admiseritis – accurreris – curris
3. gessimus – viderint – accepero – legerimus
4. fugeritis – tradiderant – educaverit – praebueris

**5. Verbinde zu sinnvollen Sätzen und übersetze.**

| | |
|---|---|
| Ubi domum Neronis intraveris, | clientes accipiet. |
| Si senatores in curiam convenerint, | turba plaudet. |
| Cum pater domum venerit, | consilia capient. |
| Ubi gladiator bestiam vicerit, | statuam auream videbis. |

______________________________

______________________________

______________________________

______________________________

# Unregelmäßige Verben (Aktiv): *esse, posse, velle & ire*

**1. Ordne die Formen von esse dem richtigen Tempus, Numerus und der richtigen Person zu.**

sum eris eram erunt estis eritis sunt erant es eras
eratis erit erat sumus erimus est eramus ero

| Präsens | Singular | Plural |
|---|---|---|
| 1. Person | *sum* | |
| 2. Person | | |
| 3. Person | | |

| Imperfekt | Singular | Plural |
|---|---|---|
| 1. Person | *eram* | |
| 2. Person | | |
| 3. Person | | |

| Futur I | Singular | Plural |
|---|---|---|
| 1. Person | *ero* | |
| 2. Person | | |
| 3. Person | | |

**2. Bilde von den folgenden Formen von esse die entsprechenden von posse.**

1. es ______________
2. sumus ______________
3. erant ______________
4. erimus ______________
5. sunt ______________
6. estis ______________
7. fuit ______________
8. fueramus ______________

**3. Bestimme und übersetze die Formen von velle.**

1. volo ______________
2. vult ______________
3. volebamus ______________
4. volet ______________
5. vis ______________
6. volebant ______________
7. vultis ______________
8. volent ______________
9. volam ______________
10. volebam ______________

**4. Welche Formen von cupere entsprechen welchen von velle? Verbinde.**

| | | | |
|---|---|---|---|
| **A** | cupivimus | **a.** | volueras |
| **B** | cupit | **b.** | volo |
| **C** | cupiebas | **c.** | vultis |
| **D** | cupiunt | **d.** | vis |
| **E** | cupio | **e.** | volent |
| **F** | cupiveras | **f.** | volebas |
| **G** | cupiam | **g.** | vult |
| **H** | cupitis | **h.** | voluimus |
| **I** | cupient | **i.** | volam |
| **J** | cupis | **j.** | volunt |

**5. Stammen die folgenden Formen von ire oder von esse? Lies genau und übersetze.**

is eo ero es it est imus sunt eunt

| ire | esse |
|---|---|
| ______ | ______ |
| ______ | ______ |
| ______ | ______ |
| ______ | ______ |
| ______ | ______ |

**6. Formenlauf – ändere die Formen wie angegeben. Mache den Formenlauf anschließend auch mit possum und volo. Schreibe auf ein extra Blatt Papier.**

eo → ______ (2. Person) → ______ (Plural) →

______ (Imperfekt) → ______ (3. Person) →

______ (Futur I) → ______ (1. Person) →

______ (Singular) → ______ (Perfekt) →

______ (2. Person) → ______ (Plural) →

______ (Plusquamperfekt) → ______ (Futur II) →

______ (Singular) → ______ (1. Person) →

______ (Präsens)

**7. Setze die Präsensformen ins Perfekt, die Imperfektformen ins Plusquamperfekt und die Futur-I-Formen ins Futur II.**

| | | | |
|---|---|---|---|
| **1.** eunt | ______ | **2.** voles | ______ |
| **3.** sumus | ______ | **4.** eris | ______ |
| **5.** poteram | ______ | **6.** volebant | ______ |
| **7.** eratis | ______ | **8.** ibunt | ______ |

**9.** is ______________ **10.** vis ______________

**11.** ibam ______________ **12.** potest ______________

**13.** potero ______________ **14.** vultis ______________

**8. Ergänze die passende Form des in Klammern angegebenen Verbs im Präsens und übersetze.**

**1.** Gaius cum amicis ad ludos ire __________ ***(velle)***.

**2.** Amici autem thermas ***(ire)***. Ibi etiam in bibliothecam ire __________ ***(posse)***.

**3.** Lucius cum amicis ludere non __________ ***(posse)***, nam patrem adiuvare debet.

**4.** Marcus in horto __________ ***(esse)***. Ibi etiam amici __________ ***(esse)*** et pila ludunt.

**5.** Pedibus per urbem ambulare __________ ***(velle, nos)***.

# Das Verb im Passiv

## Präsens, Imperfekt und Futur I im Passiv

**1. Unterstreiche alle passiven Präsensformen. Bestimme Person und Numerus und übersetze sie.**

portant rapiuntur venimus exspector vocas tangimini
scribitur dicit vincimur audimus reperiuntur videris

**2. Ergänze in den Konjugationstabellen die fehlenden Endungen.**

| a-Konjugation | Singular | Plural |
|---|---|---|
| 1. Person | amor | ama_____ |
| 2. Person | ama_____ | ama_____ |
| 3. Person | ama_____ | amantur |

| e-Konjugation | Singular | Plural |
|---|---|---|
| 1. Person | tene_____ | tenemur |
| 2. Person | teneris | tene_____ |
| 3. Person | tene_____ | tene_____ |

| i-Konjugation | Singular | Plural |
|---|---|---|
| 1. Person | reperi_____ | reperi_____ |
| 2. Person | reperi_____ | reperimini |
| 3. Person | reperitur | reperi_____ |

| kons. Konjugation | Singular | Plural |
|---|---|---|
| 1. Person | ducor | ducimur |
| 2. Person | duc_____ | duc_____ |
| 3. Person | duc_____ | duc_____ |

| gem. Konjugation | Singular | Plural |
|---|---|---|
| 1. Person | rapi_____ | rapi_____ |
| 2. Person | raperis | rapi_____ |
| 3. Person | rapi_____ | rapiuntur |

**3. Setze die aktiven Präsensformen ins Passiv. Überlege genau, was Du verändern musst. Übersetze dann die Passivformen.**

*Beispiel: superat → superatur, er/sie/es wird übertroffen*

1. rogo ______
2. tradit ______
3. mittimus ______
4. commovetis ______
5. audis ______
6. eiciunt ______

**4. Bilde aus den passiven Präsensformen die entsprechenden Formen im Imperfekt. Achtung: Einmal gibt es zwei Möglichkeiten! Übersetze die Formen.**

1. salutamur
______
______

2. vincitur
______
______

3. deponuntur
______
______

4. deciperis
______
______

5. neglegimini
______
______

6. impletur
______
______

7. invenior
______
______

8. excitantur
______
______

**5. Werden oder werden? Kreuze die deutsche Übersetzung an, die zur lateinischen Verbform passt. Achtung: Bei einer Verbform sind beide Lösungen richtig!**

**1.** fallor
☐ **a.** ich werde täuschen
☐ **b.** ich werde getäuscht

**2.** expellemur
☐ **a.** wir werden vertrieben
☐ **b.** wir werden vertrieben werden

**3.** aedificatur
☐ **a.** er wird erbauen
☐ **b.** es wird erbaut

**4.** dimittimini
☐ **a.** ihr werdet weggeschickt
☐ **b.** ihr werdet wegschicken

**5.** delectabit
☐ **a.** sie wird erfreuen
☐ **b.** sie wird erfreut werden

**6.** deduceris
☐ **a.** du wirst weggeführt
☐ **b.** du wirst weggeführt werden

**7.** delebuntur
☐ **a.** sie werden zerstört
☐ **b.** sie werden zerstört werden

**6. Präsens, Imperfekt oder Futur I? Ordne die Verbformen zu und übersetze sie. Eine Form ist doppeldeutig – welche?**

geremur custodiebantur deligeris contemnar
expugnantur rapiebamini ornatur opprimebaris

| Präsens | Imperfekt | Futur I |
| --- | --- | --- |
| | | |
| | | |
| | | |
| | | |
| | | |
| | | |
| | | |

**7. Setze die folgenden Sätze ins Passiv. Den „Täter" musst Du im Passiv mit a/ab + Ablativ wiedergeben. Achte auf das richtige Tempus! Übersetze dann den Passivsatz.**

*Beispiel: Clientes patronum iam exspectant. → Patronus a clientibus iam exspectatur. – Der Patron wird schon von seinen Klienten erwartet.*

1. Magister discipulos laudat.

   ______________________________

   ______________________________

2. Servae cibos vinumque apportabant.

   ______________________________

   ______________________________

3. Milites pontem rescindent*.

   ______________________________

   ______________________________

4. Gladiator bestiam vincit.

   ______________________________

   ______________________________

5. Ille vir oraculum consulet.

   ______________________________

   ______________________________

6. Consules rem publicam gerebant.

   ______________________________

   ______________________________

**rescindere – einreißen*

## Perfekt, Plusquamperfekt und Futur II im Passiv

**1. Bilde Perfektformen im Passiv, indem Du die Formen von esse bei der richtigen Formenbestimmung einsetzt. Übersetze.**

est sumus sunt es estis

1. vocati ____________ (3. Pers. Pl.) ______________________
2. irrisae ____________ (1. Pers. Pl.) ______________________
3. damnatus ____________ (2. Pers. Sg.) ______________________
4. defensi ____________ (2. Pers. Pl.) ______________________
5. deleta ____________ (3. Pers. Sg.) ______________________
6. salutatus ____________ (1. Pers. Sg.) ______________________

**2. Ergänze die fehlenden Formen von esse. Übersetze die Plusquamperfekt- und Futur-II-Formen in Deinem Übungsheft.**

**Plusquamperfekt**

| **Singular** | **Plural** |
|---|---|
| victus, -a, -um eram | expulsi, -ae, -a ______________ |
| visitatus, -a, -um ______________ | traducti, -ae, -a ______________ |
| servatus, -a, -um ______________ | sollicitati, -ae, -a erant |

**Futur II**

| **Singular** | **Plural** |
|---|---|
| amatus, -a, -um ______________ | convocati, -ae, -a ______________ |
| defectus, -a, -um eris | circumdati, -ae, -a eritis |
| eductus, -a, -um ______________ | inducti, -ae, -a ______________ |

**3. Verbinde zu sinnvollen Sätzen und übersetze diese. Achte auf das richtige Tempus.**

| | | |
|---|---|---|
| Patronus | a consulibus | damnatus erit. |
| Leges | ab amicis | stultus appellatus erat. |
| C Gaius | a iudice | salutatus est. |
| D Reus | a clientibus | violatae sunt. |

______________________________

______________________________

______________________________

**4. Wandle die folgenden Sätze ins Passiv um. Achte auf das richtige Tempus sowie die passende Endung des PPP. Übersetze die Passivsätze.**

*Beispiel: Servae cibos paraverant. Tum illae etiam vinum apportaverunt. á Cibi a servis parati erant. Tum etiam vinum ab illis apportatum est. – Die Speisen waren von den Sklavinnen zubereitet worden. Dann wurde auch der Wein von ihnen gebracht.*

**1.** Servus portam aperuerat. Tum ille hospites salutavit.

______________________________

______________________________

______________________________

**2.** Romulus Remum interfecerat. Tum is Romam urbem condidit.

______________________________

______________________________

______________________________

# Der Infinitiv

## Die Formen des Infinitivs

**1. Unterstreiche und schreibe alle Formen heraus, die Infinitive sind. Bestimme auch die Konjugationsklasse.**

| | | | |
|---|---|---|---|
| superare | putant | placere | est |
| volumus | punire | dicere | credis |
| agere | propero | dare | debemus |
| rapere | facitis | praebet | tegere |

**2. Aktiv oder Passiv? Ordne die Infinitive zu und übersetze sie.**

recipi – flere – probare – monstrari – dormire – agi – amittere – accipere – audiri – deleri

| | Infinitiv Präsens Aktiv | Infinitiv Präsens Passiv |
|---|---|---|
| a-Konjugation | | |
| e-Konjugation | | |
| i-Konjugation | | |
| kons. Konjugation | | |
| gem. Konjugation | | |

**3. Bilde den Infinitiv Perfekt Aktiv von den folgenden Verben.**

| | |
|---|---|
| mittere ______________ | movere ______________ |
| navigare ______________ | dolere ______________ |
| pendere ______________ | sistere ______________ |
| esse ______________ | posse ______________ |
| velle ______________ | ire ______________ |

**4. Setze die Infinitive aus Aufgabe 1 in den Infinitiv Perfekt Passiv.**

______________________________________________

______________________________________________

______________________________________________

______________________________________________

## Der bloße Infinitiv

**1. Bilde sinnvolle Sätze und übersetze sie.**

| | |
|---|---|
| Errare | decet. |
| Matrem adiuvare | placet. |
| Cum amicis ludere | non decet. |
| Militibus pericula timere | necesse est. |
| Deis sacrificare | humanum est. |

______________________________________________

______________________________________________

______________________________________________

______________________________________________

______________________________________________

**2. Überlege, ob der Infinitiv in den folgenden Sätzen als Subjekt oder Objekt verwendet wird. Übersetze anschließend die Sätze.**

**1.** Quid iuvat scire res futuras? ( ____________________ )

______________________________________________________________

**2.** Homines felices esse volunt. ( ____________________ )

______________________________________________________________

**3.** Caesar Galliam omnem vincere voluit. ( ____________________ )

______________________________________________________________

**4.** Beate vivere placet. ( ____________________ )

______________________________________________________________

**3. Setze die passenden Infinitive ein und übersetze dann die Sätze.**

capere expugnare scribere vincere

**1.** Servae, ____________________ incipite!

______________________________________________________________

**2.** Graeci Troianos ____________________ voluerunt.

______________________________________________________________

**3.** Milites oppidum ____________________ diu studebant.

______________________________________________________________

**4.** Lucius parentibus litteras ____________________ debet.

______________________________________________________________

**5.** Senatores consilia ____________________ non possunt.

______________________________________________________________

**4. Und was machst Du gern? Bilde vier Sätze mit mihi placet – *es gefällt mir* und übersetze sie.**

*Beispiel: Ambulare mihi placet. – Es gefällt mir, spazieren zu gehen.*

# Der AcI

**1. Von welchen Verben kann ein AcI abhängen? Unterstreiche sie.**

| | | | |
|---|---|---|---|
| clamare | cantare | monere | putare |
| nominare | narrare | dolere | dare |
| scire | ridere | sentire | audire |
| constat | laborare | apparet | ire |

**2. Ordne die Verben dem passenden Wortfeld zu. Nenne auch ihre Bedeutung.**

credere dicere dolere animadvertere declarare videre
scribere existimare gaudere cernere delectare scire

Verben der Gefühlsäußerung:

______________________________

Verben der Wahrnehmung:

______________________________

Verben des Sagens und Mitteilens:

______________________________

Verben des Wissens,Glaubens und Meinens:

______________________________

**3. Welche Bedeutung passt zu den unpersönlichen Ausdrücken? Verbinde.**

| | |
|---|---|
| **A** apparet | **a.** es herrscht die Meinung |
| **B** apertum est | **b.** es ist nötig |
| **C** opinio est | **c.** es geht das Gerücht |
| **D** fama est | **d.** es ist offenbar |
| **E** necesse est | **e.** es ist klar |

**4. Lies die Sätze und markiere den Akkusativ und den Infinitiv mit unterschiedlichen Farben. Übersetze den Satz**
**(a.) ohne den AcI und seine Bestandteile**
**(b.) als Hauptsatz**
**(c.) Füge dann die Übersetzung des AcIs als dass-Satz zum Hauptsatz hinzu. Schreibe auf ein extra Blatt Papier.**

*Beispiel: Caesar milites fortiter pugnare dicit.*
*a. Caesar sagt*
*b. die Soldaten kämpfen tapfer*
*c. Caesar sagt, dass die Soldaten tapfer kämpfen.*

1. Romani deos esse putant.
2. Apparet vos linguam Latinam discere.
3. Gaudeo vos mihi adesse.
4. Pater Venerem deam amoris esse explicat.
5. Romani Gallos viros fortes esse putaverunt.
6. Lucius servos saepe vitam miseram agere doluit.

**5. Unterstreiche in den folgenden Sätzen jeweils den Akkusativ und den Infinitiv, die zum AcI gehören. Übersetze dann die Sätze. Achte bei der Übersetzung auf das richtige Zeitverhältnis von AcI und Prädikat.**

1. Magister docet Romulum et Remum fratres urbem novam condere cupivisse.

______________________________________________

______________________________________________

2. Narrat eos de regno certavisse.

______________________________________________

______________________________________________

3. Dicit Remum muros, quos Romulus aedificaverat, transiluisse* et fratrem derisisse*.

______________________________________________

______________________________________________

*transilire, -silio, -silui – springen über,
*deridere, -rideo, -risi, -risum – verspotten, auslachen

4. Docet Romulum iratum * fratrem interfecisse, postea autem de morte fratris valde doluisse.

______________________________

______________________________

5. Narrat Romulum post mortem fratris urbem condidisse.

______________________________

______________________________

6. Dicit urbem de nomine Romuli Romam nominatam esse.

______________________________

______________________________

**6. Bilde Sätze mit AcI, indem Du die folgenden Sätze von dem angegebenen Verb abhängig machst. Achte dabei auf die Zeitstufe des Infinitivs. Übersetze dann die neu gebildeten Sätze.**

*Beispiel: Liberi laeti sunt. → Apparet liberos laetos esse. – Es ist offensichtlich, dass die Kinder fröhlich sind.*

1. Cicero orator praeclarus est.

   Audivimus ______________________________

   ______________________________

2. Aeneas Troiam reliquit et Italiam petivit.

   Scimus ______________________________

   ______________________________

3. Romani multas gentes vicerunt.

   Constat ______________________________

   ______________________________

**iratus, -a, -um – zornig*

**7. Verbinde zu sinnvollen Sätzen und übersetze sie in Deinem Übungsheft. Achte dabei auf das richtige Zeitverhältnis.**

| | | | |
|---|---|---|---|
| **A** | Romani putaverunt | **a.** | dominum se manu mittere.* |
| **B** | Imperator vidit | **b.** | magistrum se monuisse. |
| **C** | Lucius doluit | **c.** | se omnes gentes vincere posse. |
| **D** | Servi gaudent | **d.** | turbam se salutare. |

**servum manu mittere – einen Sklaven freilassen*

**8. Reflexiv oder nicht-reflexiv im AcI? Unterstreiche die Pronomina und bestimme. Übersetze dann die Sätze.**

**1.** Ulixes se virum callidum esse dixit.

______________________________

**2.** Graeci eum virum callidum esse dixerunt.

______________________________

**3.** Servi se etiam homines esse putaverunt.

______________________________

**4.** Plinius etiam eos homines esse putavit.

______________________________

**5.** Aeneas se uxorem in flammis amisisse doluit.

______________________________

**6.** Aeneas eam in flammis amissam esse doluit.

______________________________

**9. Der bloße Infinitiv oder AcI? Kreuze an. Übersetze dann die Sätze in Deinem Übungsheft.**

| | | Infinitiv | AcI |
|---|---|---|---|
| **1.** | Constat Romanos multos deos coluisse. | ☐ | ☐ |
| **2.** | Necesse est deis sacrificia dare. | ☐ | ☐ |
| **3.** | Romani Iovem deum maximum esse putaverunt. | ☐ | ☐ |
| **4.** | Apparet eos Iunonem uxorem Iovis esse existimavisse. | ☐ | ☐ |
| **5.** | Sacerdos deis sacrificare vult. | ☐ | ☐ |

# Das Partizip

## Die Formen

**1. Bilde von den folgenden Infinitiven das PPA und übersetze es.**

*Beispiel: salire: saliens, salientis, springend*

amare ____________________

capere ____________________

invenire ____________________

mittere ____________________

censere ____________________

conspicere ____________________

sperare ____________________

habere ____________________

pellere ____________________

punire ____________________

**2. Zu welchen Verben gehören die folgenden PPP? Nenne den Infinitiv und die Bedeutung des Verbs. Schreibe in Dein Übungsheft.**

versum - lectum - caesum - impulsum - doctum - iussum - sumptum promissum - datum - factum - actum

## Das Participium coniunctum

1. **Ergänze die Endungen der Partizipien, sodass sie kongruent zu ihrem Bezugswort (fett markiert) sind. Unterstreiche alles, was zur PC-Konstruktion gehört.**

1. Turba gladiatores arenam intrant__________ salutat.
2. Gladiator bestiam vict__________ interfecit.
3. Lucius amicum in bibliotheca legent__________ videt.
4. Servus hospitibus ad cenam venient__________ portam aperit.
5. Servae hospitibus vinum cum aqua mixt__________ apportant.

2. **Übersetze die Sätze aus der vorherigen Aufgabe in zwei Schritten: Bestimme das zeitliche Verhältnis des PC zum Prädikat. Übersetze dann den ganzen Satz und gib dabei das PC als Temporalsatz wieder.**

1. zeitliches Verhältnis: ______________________________

______________________________

2. zeitliches Verhältnis: ______________________________

______________________________

3. zeitliches Verhältnis: ______________________________

______________________________

4. zeitliches Verhältnis: ______________________________

______________________________

5. zeitliches Verhältnis: ______________________________

______________________________

**3. Unterstreiche das PC, sein Bezugswort und eventuelle weitere Ergänzungen. Bestimme das zeitliche Verhältnis des PC zur Prädikathandlung und übersetze mit einem Temporalsatz. Überlege dann, ob ein anderes gedankliches Verhältnis besser passt, und verändere Deine Übersetzung entsprechend.**

**1.** Gaius iram magistri timens non studet.

zeitliches Verhältnis: ______________________________

______________________________

gedankliches Verhältnis: ______________________________

______________________________

**2.** Claudia a Lucio relicta valde doluit multasque lacrimas emisit.

zeitliches Verhältnis: ______________________________

______________________________

gedankliches Verhältnis: ______________________________

______________________________

**3.** Romani trans flumen pontem facientes Germanos terruerunt.

zeitliches Verhältnis: ______________________________

______________________________

gedankliches Verhältnis: ______________________________

______________________________

**4.** Marcus donum pulchrum accipiens gaudet.

zeitliches Verhältnis: ______________________________

______________________________

gedankliches Verhältnis: ______________________________

______________________________

**4. Übersetze nun die Sätze aus der vorherigen Aufgabe, indem Du PC- und Prädikathandlung beiordnest oder das PC mit einem präpositionalen Ausdruck – wo möglich – wiedergibst.**

1. ______________________________

______________________________

2. ______________________________

______________________________

3. ______________________________

______________________________

4. ______________________________

______________________________

**5. Welche Aussagen zum PC sind richtig? Kreuze sie an.**

| | | richtig | falsch |
|---|---|---|---|
| **1.** | PPA und PPP können als PC verwendet werden. | ☐ | ☐ |
| **2.** | PPA und PPP beschreiben eine Handlung, die gleichzeitig zur Hauptsatzhandlung geschieht. | ☐ | ☐ |
| **3.** | Das PC bezieht sich immer auf das Akkusativobjekt des Satzes. | ☐ | ☐ |
| **4.** | Das PC steht in KNG-Kongruenz zu seinem Bezugswort. | ☐ | ☐ |
| **5.** | Das gedankliche Verhältnis der PC-Handlung zur Prädikathandlung kann kausal, konzessiv, modal oder konditional sein. | ☐ | ☐ |

# 3. & 4. Lernjahr – Das Futur

**1. Finde alle Futur I-Formen in diesem Wortgitter. Bestimme Person und Numerus.**

| | | | | | | | | | |
|---|---|---|---|---|---|---|---|---|---|
| V | E | D | X | V | I | D | E | B | O |
| T | R | A | C | A | B | E | R | O | N |
| D | U | B | I | T | A | B | I | T | I |
| I | N | O | L | E | G | E | M | U | S |
| C | T | M | O | N | E | B | U | N | T |
| A | P | O | T | E | R | I | S | P | I |
| M | O | R | A | B | I | S | A | Q | M |

waagerecht (7): ______________________________

______________________________

______________________________

senkrecht (5): ______________________________

______________________________

______________________________

**2. Bilde das Futur I Aktiv in der jeweils angegebenen Person.**

**1.** mittere ______________________ (1. Pers. Sg.)

**2.** venire ______________________ (2. Pers. Sg.)

**3.** navigare ______________________ (1. Pers. Pl.)

**4.** pugnare ______________________ (3. Pers. Sg.)

**5.** capere ______________________ (2. Pers. Pl.)

**6.** parere ______________________ (1. Pers. Sg.)

**3. Bei welchen Formen handelt es sich um Futur II? Kreuze an.**

| | | | |
|---|---|---|---|
| ☐ fuistis | ☐ dederit | ☐ manebunt | ☐ siveritis |
| ☐ cupivero | ☐ tradiderint | ☐ gessimus | ☐ invideris |
| ☐ praebuerunt | ☐ fecero | ☐ educavi | ☐ reddiderimus |

**4. Bilde von den in Klammern angegebenen Verben die passende Futur II-Form. Übersetze dann die Sätze.**

Ubi carmina Horatii ________________ ***(legere, nos)***, delectabimur operibus Virgilii. Gaudebo, si Cornelius dona mihi ________________ ***(portare)***. Ubi domum ________________ ***(advenire, vos)***, parentes salutabitis. Lucilius valde dolebit, nisi Seneca ei epistulas ________________ ***(scribere)***.

## Unregelmäßige Verben

**1. Ersetze die Formen von optāre, nōn optāre bzw. magis optāre durch die entsprechenden von velle, nōlle bzw. mālle.**

**1.** optābis ________________

**2.** magis optātis ________________

**3.** nōn optābant ________________

**4.** nōn optāmus ________________

**5.** optāvistis ________________

**6.** magis optāveram ________________

**7.** magis optābit ________________

**8.** nōn optat ________________

**9.** magis optās ________________

**2. Verneine die folgenden Imperative mit nōlī bzw. nōlīte. Übersetze anschließend.**

1. Dīc!

   ___

2. Vīnum apportāte, servae!

   ___

3. Tacēte, līberī!

   ___

4. Officia neglege, Marce!

   ___

5. Rōmam venīte!

   ___

**3. Esse, prodesse und posse: Bilde die jeweils entsprechende Form des angegebenen Verbs.**

1. sunt ___ (posse)
2. sumus ___ (prōdesse)
3. est ___ (posse)
4. prōderit ___ (esse)
5. sum ___ (prōdesse)
6. potuerat ___ (esse)
7. possem ___ (prōdesse)
8. prōsit ___ (posse)
9. fuerim ___ (posse)

**4. a. Nimm die jeweils angegebenen Veränderungen bei fierī vor.**

fīō →______________ (3. Pers.) →______________ (Pl.)

→______________ (Konj.) →______________ (Imperf.)

→______________ (2. Pers.) →______________ (Ind.)

→______________ (Fut. I) →______________ (1. Pers.)

→______________ (Sg.) →______________ (Perf.)

→______________ (2. Pers.) →______________ (Plusquamperf.)

→______________ (Konj.) →______________ (Pl.)

→______________ (Perf.)

**b. Bilde nun die entsprechenden Formen von ferre im Aktiv und Passiv.**

________________________________________

________________________________________

________________________________________

________________________________________

________________________________________

________________________________________

________________________________________

________________________________________

**5. Ordne die Formen von posse dem richtigen Tempus zu. Lege dazu in Deinem Übungsheft oder auf einem extra Blatt eine Tabelle (Präsens, Imperfekt etc.) an. Bestimme auch Person und Numerus.**

potuistis ▪ possum ▪ potero ▪ potuero ▪ potestis ▪ potuerint ▪ potuerant ▪ possunt ▪ potueratis ▪ poterat ▪ potui ▪ poteris ▪ poteramus ▪ potuerimus ▪ poteras ▪ potuerunt ▪ poterint ▪ potueram

**6. Bilde die angegebenen Formen von prodesse.**

prosum → ________________ (3. Pers.) → ________________ (Futur I)
→ ________________ (Pl.) → ________________ (Perf.)
→ ________________ (2. Pers.) → ________________ (Futur II)
→ ________________ (1. Pers.) → ________________ (Plusquamperf.)
→ ________________ (Sg.) → ________________ (Imperf.)
→ ________________ (3. Pers.) → ________________ (Präs.)
→ ________________ (Pl.)

**7. Trage die Formen von ire in der richtigen Spalte ein. Achtung: Zwei schwarze Schafe haben sich eingeschlichen!**

ibam • istis • eunt • ieramus • ibis • ibi • eo • ibant • ierunt • eam • ieras • is • ibimus • ibatis • iit • ierant • ibunt

| Präsens | Imperfekt | Futur I | Perfekt | Plusquamperfekt |
|---|---|---|---|---|
| | | | | |

**8. Trenne bei den folgenden Komposita von ire das Präfix ab. Was könnten diese Verben bedeuten? Überprüfe Deine Übersetzung mithilfe eines Wörterbuchs.**

| adire | inire | interire | exire |
|---|---|---|---|
| | | | |

# Das Passiv

## Das Passiv im Präsens, Imperfekt und Futur I

**1. Ergänze die Endungen der in Klammern angegebenen Formen im Präsens Passiv.**

apport_________ (1. Pers. Sg.)

geri_________ (1. Pers. Pl.)

rapi_________ (3. Pers. Pl.)

muta_________ (Infinitiv)

contemni_________ (2. Pers. Pl.)

dele_________ (3. Pers. Sg.)

vide_________ (2. Pers. Sg.)

ama_________ (2. Pers. Pl.)

audi_________ (1. Pers. Sg.)

quaer_________ (Infinitiv)

**2. Wandle die aktiven Futur I-Formen in passive um.**

**1.** salutabitis __________________

**2.** movebis __________________

**3.** iudicabunt __________________

**4.** agent __________________

**5.** rapies __________________

**6.** solvet __________________

**7.** puniam __________________

**8.** capiemus __________________

**3. Unterstreiche die Formen im Imperfekt Passiv. Bestimme alle Formen und übersetze sie.**

relinquebaris • vocabamur • accipientur • admittor • mutaberis • ducuntur • admovebimini • ponebatur • deletur • conspiciebar • exspectabamini

### Das Passiv im Perfekt, Plusquamperfekt und Futur II

**1. Setze die folgenden Verbformen ins Passiv. Übersetze die passiven Formen.**

1. iecit ____
2. rexeris ____
3. duxero ____
4. misisti ____
5. tetigeram ____
6. egerunt ____
7. clamaveratis ____
8. defenderant ____
9. petiveritis ____
10. interfecisse ____

## Der Konjunktiv

**1. Setze die folgenden Indikativformen in den Konjunktiv.**

1. occupāmur ____
2. ībant ____
3. rapiēbat ____
4. apportāvit ____
5. dederam ____
6. vēnistī ____

**2. Unterstreiche alle Konjunktive und bestimme deren Form. Nenne auch den Infinitiv und die Verbbedeutung.**

dubitabam • esses • erit • eant • clamemus • aperiant • certant • committeretis •volam • venies • diceres • nolis • terrebo • ponat • haberem • invidemus • iremus

**3. Setze die folgenden Verbformen in den Konjunktiv.**

| | | | |
|---|---|---|---|
| **1.** amatur | ________ | **6.** raperis | ________ |
| **2.** parabat | ________ | **7.** dormiebam | ________ |
| **3.** erant | ________ | **8.** faciebantur | ________ |
| **4.** non vis | ________ | **9.** it | ________ |
| **5.** terremini | ________ | **10.** es | ________ |

**4. Bilde von den folgenden Verben die angegebenen Konjunktivformen.**

**1.** laniare ________ (3. Sg. Konj. Plusquamperf. Aktiv)

**2.** visere: ________ (1. Pl. Konj. Plusquamperf. Passiv)

**3.** mirari: ________ (2. Sg. Konj. Perf.)

**4.** redire: ________ (1. Sg. Konj. Perf. Aktiv)

**5.** scribere: ________ (3. Sg. Konj. Plusquamperf. Passiv)

**6.** laetari: ________ (2. Pl. Konj. Perf.)

**7.** velle: ________ (3. Sg. Konj. Perf. Aktiv)

**5. Übersetze die folgenden Sätze. Wie lautet die jeweilige Konjunktivfunktion?**

**1.** Hoc eis non narravissem.

________

**2.** Nihil scripseris!

________

**3.** Ne eum exspectemus!

______________________________________________

**4.** Sine te non valerem.

______________________________________________

**5.** Omnia dicant!

______________________________________________

**6.** Ne ad ludos veneritis!

______________________________________________

**6. Potentialis, Irrealis oder Realis? Bestimme und übersetze.**

| | | Funktion |
|---|---|---|
| **1.** | Vita misera esset, si sine amicis ageretur. | ____________ |
| **2.** | Si vis amari, ama! | ____________ |
| **3.** | Si quis hanc viam asperam esse neget, mentiatur. | ____________ |
| **4.** | Gladiator nisi fortius pugnavisset, non vicisset. | ____________ |
| **5.** | Sapientia non expeteretur, si nihil efficeret. | ____________ |

**7. Setze das Verb in den Konjunktiv, bestimme den Nebensinn und übersetze entsprechend.**

**1.** Quis est, qui hoc non ____________ (intellegit)?

______________________________________________

**2.** Caesar milites reliquit, qui praesidio navibus ____________ (erant).

______________________________________________

**3.** Marcus gladiatorem illum admiratus est, qui maxima virtute

____________ (pugnabat).

______________________________________________

4. Nulla fuit civitas, quin ________________ (parebat).

______________________________________________

5. Romani memoriam virorum illustrium colunt, quos numquam

________________ (viderunt).

______________________________________________

## Gerundium und Gerundivum

**1. Bilde von den angegebenen Verben das Gerundium im Genitiv und übersetze die Ausdrücke.**

1. ars ____________________ (amare)
2. occasio ____________________ (fugere)
3. spes ____________________ (vincere)
4. studium ____________________ (scribere)
5. facultas rem ____________________ (perficere)

**2. Übersetze die Sätze mit Gerundium.**

1. Cum hostes flumen transeundi initium non facerent, Caesar suos ad castra reduxit.

______________________________________________

______________________________________________

2. Quid est ineptius quam de dicendo dicere?

______________________________________________

3. Graecis est occasio Troiam expugnandi.

______________________________________________

4. Servus consiliu.

______________________________________________

**3. Ergänze die passende Gerundivendung und übersetze.**

1. spatium consilii habe__________
2. occasio armorum capi__________
3. ad libertatem serva__________
4. in bello ger__________

**4. Gerundium oder Gerundiv? Übersetze die folgenden Sätze.**

1. Ardetis ad libertatem recuperandam.

   ______________________________________________

2. Imperator paratissimos milites ad proeliandum videt.

   ______________________________________________

3. Nullius supplicii crudelitas recusanda est.

   ______________________________________________

## AcI und NcI

**1. Unterstreiche den AcI. Bestimme das Zeitverhältnis und übersetze.**

1. Romulus et Remus se urbem novam condituros esse dixerunt.

   ______________________________________________

2. Seneca Lucilium epistulam scripsisse gaudet.

   ______________________________________________

3. Aeneas ex urbe cum suis fugere voluit, quia Graecos Troianos victuros putavit.

   ______________________________________________

   ______________________________________________

4. Socrates se nihil scire dixit.

   ______________________________________________

5. Romani orbem terrarum a se superatum iri crediderunt.

______________________________

6. Constat gladiatores in circo cum bestiis pugnavisse.

______________________________

**2. Wandle die folgenden AcI-Konstruktionen in NcI-Konstruktionen um.**

1. Gaium stultum esse putant.

______________________________

2. Iubent milites pontem facere.

______________________________

3. Dicunt Homerum caecum fuisse.

______________________________

4. Sinunt me iter in Siciliam facere.

______________________________

## Das Partizip

**1. Von welchen Verben stammen die folgenden PPP-Formen? Bestimme auch die Formen und nenne die Bedeutung im Infinitiv Präsens.**

1. responsum ______________________________
2. tracta ______________________________
3. acceptis ______________________________
4. illuso ______________________________
5. actas ______________________________
6. conditam ______________________________
7. scriptae ______________________________
8. constituti ______________________________

**2. Bilde von diesen PPP-Formen die entsprechende Form des PFA. Nenne den Infinitiv Präsens Aktiv und die Bedeutung.**

lusos ▪ auditus ▪ risorum ▪ rapto ▪ pugnatos ▪ optatis ▪ monita

**3. Bestimme die PPA-Formen. Nenne das Verb im Infinitiv Präsens und dessen Bedeutung.**

videnti ▪ superantium ▪ volentes ▪ scribentibus ▪ euntem ▪ recipientia ▪ ferens ▪ mirantis

Übungen

# Abschlusstests

Lösungen

Alphabetische Verbliste

**1. Ordne die folgenden Infinitive der richtigen Konjugationsklasse zu. Bilde jeweils die 1. Person Singular Indikativ Präsens Aktiv.**

vidēre interrogāre currere aperīre dare rīdēre rapere dormīre
gaudēre dīcere capere sentīre fugere nāvigāre dūcere

| a-Konjugation | e-Konjugation | i-Konjugation |
|---|---|---|
| | | |

| konsonantische Konjugation | gemischte Konjugation |
|---|---|
| | |

**2. Nenne die Konjugationsklasse der folgenden Verben. Bilde dann den Präsensstamm, indem Du von den Infinitiven die Infinitivendung abtrennst.**

*Beispiel: debere: e-Konjugation → debe-*

**1.** delere: ______

**2.** delectare: ______

**3.** vincire: ______

**4.** petere: ______

**5.** regere: ______

**6.** clamare: ______

**7.** aperire: ______

**8.** capere: ______

**9.** manere: ______

**10.** cupere: ______

**3. Ergänze im Konjugationsschema die fehlenden Endungen im Präsens. Wo musst Du zusätzlich Bindevokale einsetzen?**

| a-Konjugation | Singular | Plural |
|---|---|---|
| 1. Person | amo | ama__________ |
| 2. Person | ama__________ | ama__________ |
| 3. Person | ama__________ | amant |

| e-Konjugation | Singular | Plural |
|---|---|---|
| 1. Person | gaude__________ | gaudemus |
| 2. Person | gaudes | gaude__________ |
| 3. Person | gaude__________ | gaude__________ |

| i-Konjugation | Singular | Plural |
|---|---|---|
| 1. Person | veni__________ | veni__________ |
| 2. Person | veni__________ | venitis |
| 3. Person | venit | veni__________ |

| kons. Konjugation | Singular | Plural |
|---|---|---|
| 1. Person | lego | leg__________ |
| 2. Person | leg__________ | leg__________ |
| 3. Person | leg__________ | legunt |

| gem. Konjugation | Singular | Plural |
|---|---|---|
| **1. Person** | rapi__________ | rapimus |
| **2. Person** | rapis | rapi__________ |
| **3. Person** | rapi__________ | rapi__________ |

**4. Welche Formen sind Imperfektformen? Setze die richtigen Verbformen ein.**

**1.** Cicerō saepe in forō ōrātiōnēs .
☐ habēbat ☐ habēbit ☐ habuit

**2.** Rōmānī deōs sacrificiīs .
☐ plācuerant ☐ plācābant ☐ plācant

**3.** Mīlitēs diū cum Gallīs .
☐ pūgnābunt ☐ pūgnāverint ☐ pūgnābant

**5. Sind das wirklich alles Imperfektformen? Unterstreiche die „schwarzen Schafe" und bestimmen deren Formen.**

pugnabant ▪ probant ▪ veniebas ▪ vocas ▪ trahebamus ▪ rapiebamus ▪ servam ▪ servabam ▪ studebam ▪ togam ▪ paratis ▪ parebatis

**6. Setze die folgenden Präsensformen ins Imperfekt.**

**1.** rīdeō ____________________

**2.** legis ____________________

**3.** ōrātis ____________________

**4.** cadit ____________________

**5.** rapimus ____________________

**6.** dormiunt ____________________

**7.** labōrās ____________________

**8.** lūdō ____________________

**7. Bilde aus den folgenden Verben Imperfektformen, die den deutschen Übersetzungen entsprechen.**

aperire • adiuvare • respondere • ducere • iacere • portare

| | | | |
|---|---|---|---|
| **1.** wir halfen | ______________ | **4.** ich warf | ______________ |
| **2.** sie öffneten | ______________ | **5.** ihr brachtet | ______________ |
| **3.** er führte | ______________ | **6.** du antwortetest | ______________ |

**8. Setze die in Klammern angegebenen Verben in die jeweils passende Imperfektform. Übersetze sie anschließend.**

**1.** Servae Cornelium ______________ (invenire).

________________________________________

**2.** Etiam mater Cornelium diu ______________ (quaerere).

________________________________________

**3.** Etiam Claudia fratrem iterum iterumque ______________ (clamare).

________________________________________

**4.** Cornelius autem in horto ______________ (esse) et

______________ (dormire).

________________________________________

**5.** Neque servas neque matrem neque sororem ______________

(audire).

________________________________________

**9. Um welche Art des Perfektstamms handelt es sich? Ordne die Formen zu.**

studuistis pūgnāvērunt respondit fūgimus dīxērunt aperuistī cucurrimus reprehendī cēpistī dedī mīsistis vīdī audīvit docuī rīsit parāvērunt tetigērunt dēfendistis

| v-Perfekt | u-Perfekt | s-Perfekt |
|---|---|---|
| | | |
| **Reduplikationsperfekt** | **Dehnungsperfekt** | **Stammperfekt** |
| | | |

**10. Bestimme die Perfektformen aus vorherigen Übung und nenne den Infinitiv Präsens Aktiv.**

**11. Setze die folgenden Formen ins Perfekt.**

1. dēlētur ______________________
2. scrībunt ______________________
3. afficimur ______________________
4. datis ______________________
5. sum ______________________
6. prōdest ______________________
7. nōn vīs ______________________
8. monet ______________________
9. interficitur ______________________
10. animadvertis ______________________
11. eunt ______________________

**12. Ergänze die fehlenden Endungungen des Indikativ Plusquamperfekt Aktiv.**

| | Singular | Plural |
|---|---|---|
| **1. Pers.** | amāveram | vēn________ |
| **2. Pers.** | iēc________ | fēc________ |
| **3. Pers.** | frē________ | reddid________ |

**13. Alles Plusquamperfekt? Kreuze die entsprechenden Formen an. Bestimme die anderen Tempusformen.**

| | | | |
|---|---|---|---|
| ☐ vēnerat | ☐ dūxit | ☐ erāmus | ☐ potuerātis |
| ☐ lēgērunt | ☐ aberam | ☐ intrāverās | ☐ vīderāmus |
| ☐ fueram | ☐ habuerat | ☐ rēxerit | ☐ audīvistis |

______________________________

______________________________

______________________________

______________________________

**14. Vervollständige die Futur I-Formen.**

| **a-Konj.** | **e-Konj.** | **i-Konj.** | **kons. Konj.** | **gem. Konj.** |
|---|---|---|---|---|
| clamābō | monēbō | audi____ | regam | capi____ |
| clamā____ | monēbis | audi____ | reg____ | capiēs |
| clamābit | monē____ | audi____ | reg____ | capiet |
| clamā____ | monēbimus | audiēmus | reg____ | capi____ |
| clamābitis | monē____ | audiētis | reg____ | capi____ |
| clamā____ | monēbunt | audi____ | regent | capi____ |

**15. Trage die Formen von īre in der richtigen Spalte ein. Nenne auch den jeweiligen Modus. Welche Form ist doppeldeutig?**

ībam īstis eunt ierāmus ībis eō ībant iērunt eam
ierās īs ībimus ībātis iit ierit ierant ībunt īrēmus
ierim īssem ierō eant īssētis

| Präsens | Imperfekt | Futur I |
|---|---|---|
| | | |
| **Perfekt** | **Plusquamperfekt** | **Futur II** |
| | | |

**16. Ergänze die Endungen der in Klammern angegebenen Formen im Präsens Passiv.**

1. apport____ (1. Pers. Sg.)
2. geri____ (1. Pers. Pl.)
3. rapi____ (3. Pers. Pl.)
4. mutā____ (2. Pers. Sg.)
5. contemni____ (2. Pers. Pl.)
6. delē____ (3. Pers. Sg.)
7. vidē____ (2. Pers. Sg.)
8. amā____ (2. Pers. Pl.)
9. audi____ (1. Pers. Sg.)
10. quaer____ (3. Pers. Pl.)

**17. AcI oder bloßer Infinitiv? Unterstreiche die jeweilige Infinitivkonstruktion und bestimme die Satzglieder.**

1. Discipuli non studere, sed clamare incipiunt.
2. Non decet timere.
3. Mater filium domum iam venisse gaudet.
4. Matrem adiuvare necesse est.

# Abschlusstest 3. & 4. Lernjahr

## 1. Unterstreiche die Futur-I-Formen.

**eram ▪ vocabunt ▪ properabatis ▪ sentiam ▪ estis ▪ reveniebamus ▪ videbis ▪ rapiet ▪ dicimus ▪ frangemus ▪ erunt ▪ iaciebant ▪ lusit**

## 2. Alles Futur? Kreuze die Futur I- und Futur II-Formen an.

| | | |
|---|---|---|
| ☐ fēceris | ☐ dīcēmus | ☐ dūcis |
| ☐ veniam | ☐ dormīēbam | ☐ clamāvit |
| ☐ amat | ☐ exercēbō | ☐ dīxerō |
| ☐ currit | ☐ studuerimus | ☐ legent |
| ☐ cesserit | ☐ currēs | ☐ agunt |

Futur I: ____________________________________________

Futur II: ____________________________________________

## 3. Übersetze die folgenden Sätze.

**1.** Fit clamor maximus.

____________________________________________

**2.** Impetus a militibus factus est.

____________________________________________

**3.** Hostibus spes salutis aufertur.

____________________________________________

**4.** Nero ignem tectis Romae intulisse dicitur.

____________________________________________

**4. Ergänzen die passende Form von esse (Achtung: Consecutio temporum!) und übersetze.**

1. Quaesivisti, venturusne ______________ (ego).

______________________________________________

2. Mihi non est dubium, quin legiones venturae ______________.

______________________________________________

3. Marcus interrogavit, cur amici se non adiuturi ______________.

______________________________________________

4. Ulixes non dubitat, quin Troia brevi peritura ______________.

______________________________________________

**5. Übersetze die folgenden Sätze. Achte dabei auf das richtige Tempus der Verba defectiva.**

1. Hannibal ōdit Rōmanōs ōdiōque est eīs.

______________________________________________

2. Seneca epistulās scrībere cōnsuēverat.

______________________________________________

3. Mīlitēs bellī periculōrumque meminerant.

______________________________________________

4. Contumēliās patī magis ōderō malīs omnibus aliīs.

______________________________________________

**6. Stehen die Verben mit Akkusativ oder Dativ? Streiche die falsche Form und übersetze.**

**1.** Cōnsulēs cīvēs/cīvibus prōvident.

______________________________________________

**2.** Mīlitēs etiam pericula/periculīs mortis nōn timent.

______________________________________________

**3.** Rōmānī deōs immortālēs hominēs/hominibus cōnsulere putavērunt.

______________________________________________

**4.** Aenēās, quī rēs futūrās/rēbus futūrīs prōvidēre cupīvit, ōraculum/ōraculō cōnsuluit.

______________________________________________

**7. Verbinde die lateinischen Wendungen mit afficere mit der passenden deutschen Bedeutung.**

| | | | |
|---|---|---|---|
| **A** | aliquem laudibus afficere | **a.** | *jemanden verwunden* |
| **B** | aliquem poenā afficere | **b.** | *jemanden töten* |
| **C** | aliquem morte afficere | **c.** | *krank werden* |
| **D** | aliquem vulnere afficere | **d.** | *jemanden bestrafen* |
| **E** | morbō afficī | **e.** | *in eine schwierige Lage geraten* |
| **F** | difficultāte afficī | **f.** | *jemanden loben* |

**8. Setze die folgenden Sätze ins Passiv. Übersetze.**

**1.** Marcus epistulam scrībit.

**2.** Cicerō ōrātiōnem in Catilīnam habet.

**3.** Avus līberīs semper fābulās narrābat.

**9. Kreuze alle Konjunktivformen an und bestimme sie.**

- ☐ dubitābam
- ☐ certant
- ☐ aperiant
- ☐ habeat
- ☐ committerētis
- ☐ pōnit
- ☐ clamēmus
- ☐ veniēs
- ☐ habērem
- ☐ terrēmus
- ☐ dīcerēs
- ☐ invideāmus

**10. Setze die angegebene Konjunktivform ein und übersetze die Sätze.**

**1.** Hoc eīs nōn . (1. Pers. Sg. Konj. Plusq. Akt. von narrāre)

**2.** Nihil ! (2. Pers. Sg. Konj. Perf. Akt. von scrībere)

**3.** Amīcum ! (1. Pers. Pl. Konj. Präs. Akt. von exspectāre)

**4.** Sine tē nōn . (1. Pers. Sg. Konj. Imperf. Akt. von valēre)

______________________________________________

**5.** Omnia ! (3. Pers. Pl. Konj. Präs. Akt. von dīcere)

______________________________________________

**6.** Nē ad lūdōs ! (2. Pers. Pl. Konj. Perf. Akt. von venīre)

______________________________________________

**11. Gerundivum oder Gerundium? Bestimme die Form, bei den Gerundiva auch die Satzfunktion, und übersetze.**

**1.** Vulnera sananda sunt. ____________________

______________________________________________

**2.** Aliis miserandus, aliis irridendus videtur. ____________________

______________________________________________

**3.** Libri Ciceronis ad legendi studium excitant. ____________________

______________________________________________

**4.** Romanis spes potiendorum castrorum erat. ____________________

______________________________________________

**5.** Caesar pontem faciendum curavit. ____________________

______________________________________________

**6.** Sumamus spatium ad cogitandum! ____________________

______________________________________________

**12. Verbinde die Elemente zu sinnvollen Sätzen und übersetze sie. Um welches Tempus handelt es sich: Perfekt, Plusquamperfekt oder Futur II Passiv?**

| | | | |
|---|---|---|---|
| **A** | Mīlitēs | **a.** | violātae erant. |
| **B** | Lēgēs ā cīvibus | **b.** | captum est. |
| **C** | Tempora | **c.** | monitī eritis. |
| **D** | Helena ā Paride | **d.** | mūtāta sunt. |
| **E** | ā magistrō | **e.** | interfectī sunt. |
| **F** | Oppidum | **f.** | rapta erat. |

Übungen

Abschlusstests

# Lösungen

Alphabetische Verbliste

# Lösungen 1. & 2. Lernjahr

## Das Präsens (Aktiv)

**1. a-Konj.:** amare, adiuvare; **e-Konj.:** videre, docere; **i-Konj.:** aperire, sentire; **kons. Konj.:** currere, trahere; **gem. Konj.** rapere, capere

**2.** 1. mittitis, 2. capiunt, 3. dico, 4. ducis, 5. cadunt, 6. iacimus

**3.** 1. clamo - 2. sentis - 3. vocant - 4. gaudes - 5. videmus - 6. aperiunt - 7. respondetis - 8. interrogat

**4.** 1. 1. Pers. Pl. Ind. Präs. Akt., wir sehen / 2. 3. Pers. Pl. Ind. Präs. Akt., sie tragen, bringen / 3. 2. Pers. Pl. Ind. Präs. Akt., ihr fragt / 4. 1. Pers. Pl. Ind. Präs. Akt., wir meinen / 5. 1. Pers. Sg. Ind. Präs. Akt., ich ermahne / 6. 2. Pers. Pl. Ind. Präs. Akt., ihr helft / 7. 3. Pers. Pl. Ind. Präs. Akt., sie unterrichten / 8. 3. Pers. Sg. Ind. Präs. Akt., er/sie/es kommt

**5. 1.** 3. Pers. Pl. Ind. Präs. Akt., a-Konj. → iaciunt (gem. Konj.), **2.** 1. Pers. Pl. Ind. Präs. Akt., gem. Konj. → monemus (e-Konj.), **3.** 2. Pers. Pl. Ind. Präs. Akt., a-Konj. → capitis (gem. Konj.), **4.** 1. Pers. Sg. Ind. Präs. Akt., kons. Konj. → venio (i-Konj.), **5.** 3. Pers. Sg. Ind. Präs. Akt., gem. Konj. → dicit (kons. Konj.), **6.** 3. Pers. Pl. Ind. Präs. Akt., e-Konj. → trahunt (kons. Konj.)
**6.** timent: 3. Pers. Pl. - ludimus: 1. Pers. Pl. - curris: 2. Pers. Sg. - intratis: 2. Pers. Pl. - doleo: 1. Pers. Sg. - decipit: 3. Pers. Sg.

**7.** 1. Claudia villam intrat. - Claudia betritt das Landhaus. / 2. Magistri discipulos non semper laudant. - Lehrer loben ihre Schüler nicht immer. / 3. In foro Romano templa arcusque videmus. - Auf dem Forum Romanum sehen wir Tempel und Triumphbögen. / 4. Cur in curiam contendis, domine? - Warum eilst du in die Kurie, Herr? / 5. Amicae litteras scribo. - Ich schreibe der Freundin einen Brief. / 6. Non scholae, sed vitae discitis. - Ihr lernt nicht für die Schule, sondern fürs Leben.

## Das Imperfekt (Aktiv)

**1.** relinquebant: 3. Pers. Pl., sie verließen - veniebas: 2. Pers. Sg., du kamst - capiebam: 1. Pers. Sg., ich fasste - dabatis: 2. Pers. Pl., ihr gabt

**2.** faciebam, faciebas, faciebat, faciebamus, faciebatis, faciebant
parabam, parabas, parabat, parabamus, parabatis, parabant
currebam, currebas, currebat, currebamus, currebatis, currebant
inveniebam, inveniebas, inveniebat, inveniebamus, inveniebatis, inveniebant
studebam, studebas, studebat, studebamus, studebatis, studebant

**3.** 1. putabam: ich glaubte, 2. prohibebamus: wir hielten ab, 3. ducebat: er/sie/es führte, 4. fugiebant: sie flohen, 5. audiebatis: ihr hörtet, 6. discebas: du lerntest

**4.** iaciebam, 2. portabas, 3. mittebamus, 4. intrabatis, 5. habebat, 6. dormiebant

## Perfekt und Plusquamperfekt (Aktiv)

**1.** 1. contemnimus: 1. Pers. Pl. Ind. Präs. Akt., 2. movent: 3. Pers. Pl. Ind. Präs. Akt., 3. debebas: 2. Pers. Sg. Ind. Imperf. Akt., 4. ascenditis: 2. Pers. Pl. Ind. Präs. Akt.

**2.** v-Perfekt: accusavit: er, sie es hat angeklagt → accusare - deleverunt: sie haben zerstört → delere
u-Perfekt: tacuerunt: sie haben geschwiegen → tacere - debui: ich musste/habe geschuldet → debere
s-Perfekt: decessit: er/sie/es ist weggegangen → decedere - rexistis: ihr habt gelenkt → regere
Reduplikationsperfekt: fefelli: ich habe getäuscht → fallere - dedistis: ihr habt gegeben → dare
Dehnungsperfekt: effugimus: wir sind entflohen → effugere - interfecisti: du hast getötet → interficere
Stammperfekt: comprehendisti: du hast verstanden → comprehendere - respondimus: wir haben geantwortet → respondere

**3.** accusaverat: er/sie/es hatte angeklagt - deleverant: sie hatten zerstört - tacuerant: sie hatten geschwiegen - debueram: ich hatte gemusst/geschuldet - decesserat: er/sie/es war weggegangen - rexeratis: ihr hattet gelenkt - fefelleram: ich hatte getäuscht - dederatis: ihr hattet gegeben - effugeramus: wir waren entflohen - interfeceras: du hattest getötet - comprehenderas: du hattest verstanden - responderamus: wir hatten geantwortet

**4.**

| **Präsens** | **Imperfekt** | **Perfekt** | **Plusquamperfekt** |
|---|---|---|---|
| adhibeo | adhibebam | adhibui | adhibueram |
| explemus | explebamus | explevimus | expleveramus |
| moveo | movebam | movi | moveram |
| ducitis | ducebatis | duxistis | duxeratis |
| accipiunt | accipiebant | acceperunt | acceperant |
| parat | parabat | paravit | paraverat |
| exstinguis | exstinguebas | exstinxisti | exstinxeras |
| credit | credebat | credidit | crediderat |
| iaciunt | iaciebant | iecerunt | iecerant |
| facis | faciebas | fecisti | feceras |

**5.** 1. Aeneas sociique e Troia fugerunt, postquam Graeci Troianos vicerunt. - Aeneas und seine Gefährten flohen aus Troja, nachdem die Griechen die Trojaner besiegt hatten. 2. Diu navigabant. Denique Carthaginem pervenerunt. - Lange waren sie mit dem Schiff unterwegs. Schließlich erreichten sie Karthago.3. Dido, regina Carthaginiensium, eos salutavit et invitavit. - Dido, die Königin der Karthager, begrüßte sie und lud sie ein. 4. Nocte Aeneas non dormiebat, quia amore ardebat. - Nachts schlief Aeneas nicht, da er heftig verliebt war. 5. Iuppiter autem Aeneam Carthaginem Didonemque relinquere iussit. - Jupiter befahl jedoch Aeneas, Karthago und Dido zu verlassen. 6. Postquam Aeneas clam fugit, Dido mortem sibi conscivit. - Nachdem Aeneas heimlich geflohen war, beging Dido Selbstmord.

**6.** 1. Romulus Remusque, quos pastor Faustulus prope Tiberim invenerat, cum pastoribus vivebant. - Romulus und Remus, die der Hirte Faustulus in der Nähe des Tibers gefunden hatte, lebten mit den Hirten. 2. Romulus Remum fratrem ira incensus interfecit, quia ille muros novos transiluerat et eum illuderat. – Romulus tötete seinen Bruder Remus zornentbrannt, weil jener über die neuen Mauern gesprungen war und ihn verspottet hatte. 3. Romani Romulum, qui urbem Romam condiderat, ut deum coluerunt. – Die Römer verehrten Romulus, der die Stadt Rom gegründet hatte, wie einen Gott.

## Futur I und II (Aktiv)

**1.**

| **a-Konjugation** | **Singular** | **Plural** |
|---|---|---|
| **1. Pers.** | cantabo | cantabimus |
| **2. Pers.** | cantabis | cantabitis |
| **3. Pers.** | cantabit | cantabunt |

| **e-Konjugation** | **Singular** | **Plural** |
|---|---|---|
| **1. Pers.** | habebo | habebimus |
| **2. Pers.** | habebis | habebitis |
| **3. Pers.** | habebit | habebunt |

| **i-Konjugation** | **Singular** | **Plural** |
|---|---|---|
| **1. Pers.** | muniam | muniemus |
| **2. Pers.** | munies | munietis |
| **3. Pers.** | muniet | munient |

| **kons. Konjugation** | **Singular** | **Plural** |
|---|---|---|
| **1. Pers.** | mittam | mittemus |
| **2. Pers.** | mittes | mittetis |
| **3. Pers.** | mittet | mittent |

| **gem. Konjugation** | **Singular** | **Plural** |
|---|---|---|
| **1. Pers.** | rapiam | rapiemus |
| **2. Pers.** | rapies | rapietis |
| **3. Pers.** | rapiet | rapient |

**2.** 1. cademus: wir werden fallen, 2. ornant: sie schmücken, 3. faciam: ich werde tun, 4. apparebit: er/sie/es wird erscheinen/es wird offensichtlich sein, 5. condis: du gründest, 6. punietis: ihr werdet bestrafen, 7. navigabo: ich werde mit dem Schiff fahren, 8. recipimus: wir nehmen zurück, 9. tacebunt: sie werden schweigen, 10. relinquo: ich verlasse

**3.**

| | **Singular** | **Plural** |
|---|---|---|
| **1. Pers.** | narravero | fefellerimus |
| **2. Pers.** | eripueris | legeritis |
| **3. Pers.** | senserit | volverint |

**4.** 1. respondebo: Futur I, 2. curris: Präsens, 3. gessimus: Perfekt, 4. tradiderant: Plusquamperfekt

**5.** Ubi domum Neronis intraveris, statuam auream videbis. - Sobald du Neros Haus betrittst, wirst du eine goldene Statue sehen. / Si senatores in curiam convenerint, consilia capient. - Wenn die Senatoren in der Kurie versammelt sind, werden sie Beschlüsse fassen. / Cum pater domum venerit, clientes accipiet. - Wenn der Vater nach Hause kommt, wird er seine Klienten empfangen. / Ubi gladiator bestiam vicerit, turba plaudet. - Sobald der Gladiator das wilde Tier besiegt hat, wird die Menschenmenge applaudieren.

## Unregelmäßige Verben (Aktiv): esse, posse, velle & ire

**1.**

| **Präsens** | **Singular** | **Plural** |
|---|---|---|
| **1. Person** | sum | sumus |
| **2. Person** | es | estis |
| **3. Person** | est | sunt |

| **Imperfekt** | **Singular** | **Plural** |
|---|---|---|
| **1. Person** | eram | eramus |
| **2. Person** | eras | eratis |
| **3. Person** | erat | erant |

| **Futur I** | **Singular** | **Plural** |
|---|---|---|
| **1. Person** | ero | erimus |
| **2. Person** | eris | eritis |
| **3. Person** | erit | erunt |

**2.** 1. potes, 2. possumus, 3. poterant, 4. poterimus, 5. possunt, 6. potestis, 7. potuit, 8. potueramus

**3.** 1. volo: 1. Pers. Sg. Ind. Präs., ich will, 2. vult: 3. Pers. Sg. Ind. Präs., er/sie/es will, 3. volebamus: 1. Pers. Pl. Ind. Imperf., wir wollten, 4. volet: 3. Pers. Sg. Fut. I, er/sie/es wird wollen, 5. vis: 2. Pers. Sg. Ind. Präs., du willst, 6. volebant: 3. Pers. Pl. Ind. Imperf., sie wollten, 7. vultis: 2. Pers. Pl. Ind. Präs., ihr wollt, 8. volent: 3. Pers. Pl. Fut. I, sie werden wollen, 9. volam: 1. Pers. Sg. Fut. I, ich werde wollen, 10. volebam: 1. Pers. Sg. Ind. Imperf., ich wollte

**4.** Ah, Bg, Cf, Dj, Eb, Fa, Gi, Hc, Ie, Jd

**5.** ire: is: du gehst - eo: ich gehe - it: er/sie/es geht - imus: wir gehen - eunt: sie gehen
esse: ero: ich werde sein - es: du bist - est: er/sie/es ist - sunt: sie sind - erunt: sie werden sein

**6.** eo → is → itis → ibatis → ibant → ibunt → ibimus → ibo → ii → isti → istis → ieratis → ieritis → ieris → iero → eo

possum → potes → potestis → poteratis → poterant → poterunt → poterimus → potero → potui → potuisti → potuistis → potueratis → potueritis → potueris → potuero → possum
volo → vis → vultis → volebatis → volebant → volent → volemus → volam → volui → voluisti → voluistis → volueratis → volueritis → volueris → voluero → volo

**7.** 1. eunt: ierunt, 2. voles: volueris, 3. sumus: fuimus, 4. eris: fueris, 5. poteram: potueram, 6. volebant: voluerant, 7. eratis: fueratis, 8. ibunt: ierint, 9. is: isti, 10. vis: voluisti, 11. ibam: ieram, 12. potest: potuit, 13. potero: potuero, 14. vultis: voluistis

**8.** 1. Gaius cum amicis ad ludos ire vult. – Gaius will mit seinen Freunden zu den Spielen gehen. 2. Amici autem thermas eunt. Ibi etiam in bibliothecam ire possunt. – Die Freunde gehen jedoch in die Thermen. Dort können sie auch in die Bibliothek gehen. 3. Lucius cum amicis ludere non potest, nam patrem adiuvare debet. – Lucius kann nicht mit seinen Freunden spielen, denn er muss seinem Vater helfen. 4. Marcus in horto est. Ibi etiam amici sunt et pila ludunt. – Marcus ist im Garten. Dort sind auch seine Freunde und spielen mit dem Ball. 5. Pedibus per urbem ambulare volumus. – Wir wollen zu Fuß durch die Stadt spazieren.

## Das Verb im Passiv

### Präsens, Imperfekt und Futur I im Passiv

**1.** rapiuntur: 3. Pers. Pl., sie werden geraubt – exspector: 1. Pers. Sg., ich werde erwartet – tangimini: 2. Pers. Pl., ihr werdet berührt – scribitur: 3. Pers. Sg., er/sie/es wird geschrieben – vincimur: 1. Pers. Pl., wir werden besiegt – reperiuntur: 3. Pers. Pl., sie werden gefunden – videris: 2. Pers. Sg., du wirst gesehen (oder: du scheinst)

**2.**

| **a-Konjugation** | **Singular** | **Plural** |
|---|---|---|
| **1. Person** | amor | amamur |
| **2. Person** | amaris | amamini |
| **3. Person** | amatur | amantur |

| **e-Konjugation** | **Singular** | **Plural** |
|---|---|---|
| **1. Person** | teneor | tenemur |
| **2. Person** | teneris | tenemini |
| **3. Person** | tenetur | tenentur |

| **i-Konjugation** | **Singular** | **Plural** |
|---|---|---|
| **1. Person** | reperior | reperimur |
| **2. Person** | reperiris | reperimini |
| **3. Person** | reperitur | reperiuntur |

| **kons. Konjugation** | **Singular** | **Plural** |
|---|---|---|
| **1. Person** | ducor | ducimur |
| **2. Person** | duceris | ducimini |
| **3. Person** | ducitur | ducuntur |

| gem. Konjugation | Singular | Plural |
|---|---|---|
| **1. Person** | rapior | rapimur |
| **2. Person** | raperis | rapimini |
| **3. Person** | rapitur | rapiuntur |

**3.** 1. rogor, ich werde gefragt, 2. traditur, er/sie/es wird übergeben/es wird überliefert, 3. mittimur, wir werden geschickt, 4. commovemini, ihr werdet bewegt, 5. audiris, du wirst gehört, 6. eiciuntur, sie werden hinausgeworfen

**4.** 1. salutabamur, wir wurden begrüßt, 2. vincebatur, er/sie/es wurde besiegt/vinciebatur, er/sie/es wurde gefesselt, 3. deponebantur, sie wurden abgelegt, 4. decipiebaris, du wurdest getäuscht, 5. neglegebamini, ihr wurdet vernachlässigt, 6. implebatur, er/sie/es wurde angefüllt, 7. inveniebar, ich wurde gefunden, 8. excitabantur, sie wurden angetrieben

**5.** 1. b., 2. b., 3. b., 4. a., 5. a., 6. a./b., 7. b.

**6.**

| Präsens | Imperfekt | Futur I |
|---|---|---|
| deligeris<br>du wirst ausgewählt | custodiebantur<br>sie wurden bewacht | geremur<br>wir werden geführt werden |
| expugnantur<br>sie werden erobert | rapiebamini<br>ihr wurdet geraubt | contemnar<br>ich werde verachtet werden |
| ornatur<br>er/sie/es wird geschmückt | opprimebaris<br>du wurdest überfallen | deligeris<br>du wirst ausgewählt werden |

Doppeldeutig ist die Form deligeris, sie kann sowohl Präsens als auch Futur I sein.

**7.** 1. Discipuli a magistro laudantur. – Die Schüler werden vom Lehrer gelobt. / 2. Cibi vinumque a servis apportabantur. – Speisen und Wein wurden von den Sklavinnen herbeigebracht. / 3. Pons a militibus rescindetur. – Die Brücke wird von den Soldaten eingerissen werden. / 4. Bestia a gladiatore vincitur. – Das wilde Tier wird vom Gladiator besiegt. / 5. Oraculum ab illo viro consuletur. – Das Orakel wird von jenem Mann (dort) befragt werden. / 6. Res publica a consulibus gerebatur. – Der Staat wurde von den Konsuln verwaltet.

## Perfekt, Plusquamperfekt und Futur II im Passiv

**1.** 1. vocati sunt, sie sind gerufen worden, 2. irrisae sumus, wir sind verspottet worden, 3. damnatus es, du bist verurteilt worden, 4. defensi estis, ihr seid verteidigt worden, 5. deleta est, sie ist zerstört worden, 6. salutatus sum, ich bin gegrüßt worden

**2.** Plusquamperfekt: victus, -a, -um eram, ich war besiegt worden; visitatus, -a, -um eras, du warst besucht worden; servatus, -a, -um erat, er/sie/es war gerettet worden; expulsi, -ae, -a eramus, wir waren vertrieben worden; traducti, -ae, -a eratis, ihr wart hinübergeführt worden; sollicitati, -ae, -a erant, sie waren beunruhigt worden
Futur II: amatus, -a, -um ero, ich werde geliebt worden sein; defectus, -a, -um eris, du wirst getäuscht worden sein; eductus, -a, -um erit, er/sie/es wird herausgeführt worden sein;

convocati, -ae, -a erimus, wir werden versammelt worden sein; circumdati, -ae, -a eritis, ihr werdet umzingelt worden sein; inducti, -ae, -a erunt, sie werden veranlasst worden sein

**3.** Patronus a clientibus salutatus est. - Der Patron wurde von seinen Klienten begrüßt. / Leges a consulibus violatae sunt. - Die Gesetze sind von den Konsuln verletzt worden. / Gaius ab amicis stultus appellatus erat. - Gaius war von seinen Freunden dumm genannt worden. / Reus a iudice damnatus erit. - Der Angeklagte wird vom Richter verurteilt worden sein.

**4.** 1. Porta a servo aperta erat. Tum hospites ab illo salutati sunt. - Die Tür war von einem Sklaven geöffnet worden. Dann wurden die Gäste von jenem begrüßt. / 2. Remus a Romulo interfectus erat. Tum Roma urbs ab eo condita est. - Remus war von Romulus getötet worden. Dann wurde die Stadt Rom von ihm gegründet.

## Der Infinitiv

### Die Formen des Infinitivs

**1.** superare. a-Konj. - placere: e-Konj. - punire: i-Konj. - dicere: kons. Konj. - agere: kons. Konj. - dare: a-Konj. - rapere: gem. Konj. - tegere: kons. Konj.

**2.**

| | **Infinitiv Präsens Aktiv** | **Infinitiv Präsens Passiv** |
|---|---|---|
| **a-Konjugation** | probare - billigen | monstrari - gezeigt werden |
| **e-Konjugation** | flere - weinen | deleri - zerstört werden |
| **i-Konjugation** | dormire - schlafen | audiri - gehört werden |
| **kons. Konjugation** | amittere - verlieren | agi - getan werden |
| **gem. Konjugation** | accipere - annehmen | recipi - zurückgenommen werden |

**3.** mittere: misisse - movere: movisse - navigare: navigavisse - dolere: doluisse - pendere: pependisse - sistere: stitisse/stetisse - esse: fuisse - posse: potuisse - velle: voluisse - ire: isse

**4.** superatum, -am, -um esse - placitum, -am, -um esse - punitum, -am, -um esse - dictum, -am, -um esse - actum, -am, -um esse - datum, -am, -um esse - raptum, -am, -um esse - tectum, -am, -um esse

### Der bloße Infinitiv

**1.** Errare humanum est. - Irren ist menschlich. / Matrem adiuvare necesse est. - Es ist nötig, der Mutter zu helfen. / Cum amicis ludere placet. - Es gefällt, mit den Freunden zu spielen. / Militibus pericula timere non decet. - Für Soldaten gehört es sich nicht, Gefahren zu fürchten. / Deis sacrificare decet. - Es gehört sich, den Göttern zu opfern.

**2.** 1. Quid iuvat scire res futuras? (Subjekt) - Was nützt es, die Zukunft zu kennen? / 2. Homines felices esse volunt. (Objekt) - Menschen wollen glücklich sein. / 3. Caesar Galliam omnem vincere voluit. (Objekt) - Caesar wollte ganz Gallien besiegen. / 4. Beate vivere placet. (Subjekt) - Glücklich zu leben gefällt.

**3.** 1. Servae, laborare incipite! - Sklavinnen, fangt an zu arbeiten! / 2. Graeci Troianos vincere voluerunt. - Die Griechen wollten die Trojaner besiegen. / 3. Milites oppidum expugnare diu studebant. - Die Soldaten bemühten sich lange, die Stadt zu erobern. / 4. Lucius parentibus litteras scribere debet. - Lucius muss seinen Eltern einen Brief schreiben. / 5. Senatores consilia capere non possunt. - Die Senatoren können keine Beschlüsse fassen.

**4. Lösungsbeispiele**: Ludere mihi placet. - Spielen gefällt mir. / Libros legere mihi placet. - Es gefällt mir, Bücher zu lesen. / In scholam ire mihi (non) placet. - Es gefällt mir (nicht), in die Schule zu gehen. / Cum amicis ridere mihi placet. - Es gefällt mir, mit meinen Freunden zu lachen.

## Der AcI

**1.** clamare - putare - narrare - dolere - scire - sentire - audire - constat - apparet

**2. Verben der Gefühlsäußerung:** dolere - Schmerz empfinden, gaudere - sich freuen, delectare - erfreuen, Freude machen;
**Verben der Wahrnehmung:** animadvertere - wahrnehmen, videre - sehen, cernere - sehen, bemerken
**Verben des Sagens und Mitteilens**: dicere - sagen, declarare - erklären, scribere - schreiben
**Verben des Glaubens und Meinens:** credere - glauben, existimare - glauben, meinen, scire - wissen

**3.** Ae, Bd, Ca, Dc, Eb

**4.** 1. Romani deos esse putant. - a. Die Römer glauben b. die Götter existieren c. Die Römer glauben, dass die Götter existieren. / 2. Apparet vos linguam Latinam discere. - a. Es ist offensichtlich b. ihr lernt die lateinische Sprache c. Es ist offensichtlich, dass ihr die lateinische Sprache lernt. / 3. Gaudeo vos mihi adesse. - a. Ich freue mich b. ihr helft mir c. Ich freue mich, dass ihr mir helft. / 4. Pater Venerem deam amoris esse explicat. - a. Der Vater erklärt b. Venus ist die Göttin der Liebe c. Der Vater erklärt, dass Venus die Göttin der Liebe ist. / 5. Romani Gallos viros fortes esse putaverunt. - a. Die Römer glaubten b. die Gallier sind tapfere Männer c. Die Römer glaubten, dass die Gallier tapfere Männer waren. / 6. Lucius servos saepe vitam miseram agere doluit. - a. Lucius empfand Schmerz b. die Sklaven führen oft ein elendes Leben c. Lucius empfand Schmerz, dass die Sklaven oft ein elendes Leben führten.

**5.** 1. Magister docet Romulum et Remum fratres urbem novam condere cupivisse. - Der Lehrer berichtet, dass die Brüder Romulus und Remus eine neue Stadt gründen wollten. / 2. Narrat eos de regno certavisse. - Er erzählt, dass sie um die Herrschaft stritten. / 3. Dicit Remum muros, quos Romulus aedificaverat, transiluisse et fratrem derisisse. - Er sagt, dass Remus über die Mauern, die Romulus erbaut hatte, gesprungen ist und den Bruder ausgelacht hat. / 4. Docet Romulum iratum fratrem interfecisse, postea autem de morte fratris valde doluisse. - Er berichtet, dass der erzürnte Romulus den Bruder getötet hat, später aber über den Tod des Bruders großen Schmerz empfunden hat. / 5. Narrat Romulum post mortem fratris urbem condidisse. - Er erzählt, dass Romulus nach dem Tod des Bruders die Stadt gegründet hat. / 6. Dicit urbem de nomine Romuli Romam nominatam esse. - Er sagt, dass die Stadt nach dem Namen des Romulus Rom genannt worden ist.

**6. 1.** Audivimus Ciceronem oratorem praeclarum esse. - Wir haben gehört, dass Cicero ein sehr berühmter Redner war. / 2. Scimus Aeneam Troiam reliquisse et Italiam petivisse. - Wir wissen, dass Aeneas Troja verlassen hat und nach Italien gefahren ist. / 3. Constat Romanos multas gentes vicisse. - Es steht fest, dass die Römer viele Völker besiegt haben.

**7. Ac.** Die Römer glaubten, dass sie alle Völker besiegen konnten. / **Bd.** Der Feldherr sieht/sah, dass die Menschenmenge ihn grüßt/grüßte. / **Ca.** Lucius empfand Schmerz (darüber), dass der Lehrer ihn ermahnt hatte. / **Da.** Die Sklaven freuen sich, dass ihr Herr sie freilässt.

**8.** 1. Ulixes se (refl.) virum callidum esse dixit. - Odysseus sagte, dass er ein schlauer Mann war/sei. / 2. Graeci eum (nicht-refl.) virum callidum esse dixerunt. - Die Griechen sagten, dass er ein schlauer Mann war/sei. / 3. Servi se (refl.) etiam homines esse putaverunt. - Die Sklaven glaubten, dass auch sie Menschen waren/seien. / 4. Plinius etiam eos (nicht-refl.) homines esse putavit. - Plinius glaubte, dass auch sie Menschen waren/seien. / 5. Aeneas se (refl.) uxorem in flammis amisisse doluit. - Aeneas empfand Schmerz (darüber), dass er seine Frau in den Flammen verloren hatte. / 6. Aeneas eam (nicht-refl.) in flammis amissam esse doluit. - Aeneas empfand Schmerz (darüber), dass sie in den Flammen verloren gegangen war.

**9.** 1. Constat Romanos multos deos coluisse. → AcI - Es steht fest, dass die Römer viele Götter verehrt haben. / 2. Necesse est deis sacrificia dare. → Infinitiv - Es ist nötig, den Göttern Opfer zu bringen. 3. Romani Iovem deum maximum esse putaverunt. → AcI - Die Römer glaubten, dass Jupiter der höchste Gott war. / 4. Apparet eos Iunonem uxorem Iovis esse existimavisse. → AcI (2x!) - Es ist offensichtlich, dass sie glaubten, dass Juno die Frau des Jupiter war. / 5. Sacerdos deis sacrificare vult. → Infinitiv - Der Priester will den Göttern opfern.

## Das Partizip

### Die Formen

**1.** amare: amans, amantis, liebend - capere: capiens, capientis, fassend - invenire: inveniens, invenientis, findend - mittere: mittens, mittentis, schickend - censere: censens, censentis, meinend - conspicere: conspiciens, conspicientis, erblickend - sperare: sperans, sperantis, hoffend - habere: habens, habentis, habend - pellere: pellens, pellentis, schlagend - punire: puniens, punientis, bestrafend

**2.** versum: vertere, drehen - lectum: legere, sammeln - caesum: caedere, fällen - impulsum: impellere, antreiben - doctum: docere, lehren - iussum: iubere, befehlen - sumptum: sumere, nehmen - promissum: promittere, versprechen - datum: dare, geben - factum: facere, tun - actum: agere, tun, handeln

### Das Participium coniunctum

**1.** 1. Turba gladiatores arenam intrantes salutat. / 2. Gladiator bestiam victam interfecit. / 3. Lucius amicum in bibliotheca legentem videt. / 4. Servus hospitibus ad cenam venientibus portam aperit. / 5. Servae hospitibus vinum cum aqua mixtum apportant.

**2.** 1. zeitliches Verhältnis: gleichzeitig - Die Menschenmenge begrüßt die Gladiatoren, als sie die Arena betreten. / 2. zeitliches Verhältnis: vorzeitig - Der Gladiator tötete das wilde Tier, nachdem es besiegt worden war/nachdem er es besiegt hatte. / 3. zeitliches Verhältnis: gleichzeitig - Lucius sieht seinen Freund, während dieser in der Bibliothek liest. / 4. zeitliches Verhältnis: gleichzeitig - Der Sklave öffnet den Gästen die Tür, als sie zum Abendessen kommen. / 5. zeitliches Verhältnis: vorzeitig - Die Sklavinnen bringen den Gästen Wein, nachdem er mit Wasser gemischt worden ist/nachdem sie ihn mit Wasser gemischt haben.

**3.** 1. Gaius iram magistri timens non studet.
**zeitliches Verhältnis:** gleichzeitig
Während Gaius den Zorn des Lehrers fürchtet, bemüht er sich nicht.
**gedankliches Verhältnis:** konzessiv
Obwohl Gaius den Zorn des Lehrers fürchtet, bemüht er sich nicht.

2. Claudia a Lucio relicta valde doluit multasque lacrimas emisit.
**zeitliches Verhältnis:** vorzeitig
Nachdem Claudia von Lucius verlassen worden war, empfand sie großen Schmerz und vergoss viele Tränen.
**gedankliches Verhältnis:** kausal (rein temporal auch möglich)
Da Claudia von Lucius verlassen worden war, empfand sie großen Schmerz und vergoss viele Tränen.

3. Romani trans flumen pontem facientes Germanos terruerunt.
**zeitliches Verhältnis:** gleichzeitig
Die Römer erschreckten die Germanen, als sie eine Brücke über den Fluss bauten.
**gedankliches Verhältnis:** modal
Die Römer erschreckten die Germanen, indem/dadurch dass sie eine Brücke über den Fluss bauten.

4. Marcus donum pulchrum accipiens gaudet.
**zeitliches Verhältnis:** gleichzeitig
Marcus freut sich, während er ein schönes Geschenk erhält.
**gedankliches Verhältnis:** konditional/kausal
Marcus freut sich, wenn/da er ein schönes Geschenk erhält.

**4.** 1. Gaius fürchtet den Zorn des Lehrers, dennoch bemuht er sich nicht./Trotz Furcht vor dem Zorn des Lehrers bemüht sich Gaius nicht. / 2. Claudia war von Lucius verlassen worden, deshalb empfand sie großen Schmerz und vergoss viele Tränen. (Die Übersetzung mit einem präpositionalen Ausdruck ist hier nicht sinnvoll.) / 3. Die Römer bauten eine Brücke über den Fluss und erschreckten dadurch die Germanen./Durch den Bau einer Brücke über den Fluss erschreckten die Römer die Germanen. / 4. Marcus erhält ein schönes Geschenk und in diesem Fall freut er sich./ ... und deshalb freut er sich. (Die Übersetzung mit einem präpositionalen Ausdruck ist hier nicht sinnvoll.)

**5. richtig**: 1, 4, 5; **falsch**: 2, 3

# 3. & 4. Lernjahr

## Das Futur

**1. waagerecht:** vidēbō (1. Pers. Sg.), aberō (1. Pers. Sg.), dubitābit (3. Pers. Sg.), legēmus (1. Pers. Pl.), monēbunt (3. Pers. Pl.), poteris (2. Pers. Sg.), ōrābis (2. Pers. Sg.)
**senkrecht:** dīcam (1. Pers. Sg.), erunt (3. Pers. Pl.), dabō (1. Pers. Sg.), debēbis (2. Pers. Sg.), erimus (1. Pers. Pl.)

**2.** 1. mittam, 2. venies, 3. navigabimus, 4. pugnabit, 5. capietis, 6. parebo

**3.** dederit - siveritis - cupivero - tradiderint - invideris - fecero - reddiderimus

**4.** Ubi carmina Horatii legerimus, delectabimur operibus Virgilii. - Sobald wir die Gedichte von Horaz gelesen haben, werden wir uns an den Werken Vergils erfreuen. / Gaudebo, si Cornelius dona mihi portaverit. - Ich werde mich freuen, wenn mir Cornelius Geschenke bringt. / Ubi domum adveneritis, parentes salutabitis. - Sobald ihr zuhause ankommt, werdet ihr eure Eltern begrüßen. / Lucilius valde dolebit, nisi Seneca ei epistulas scripserit. - Lucius wird sehr enttäuscht sein, wenn Seneca ihm keinen Brief schreibt.

## Unregelmäßige Verben

**1.** 1. optābis: volēs, 2. magis optātis: māvultis, 3. nōn optābant: nōlēbant, 4. nōn optāmus: nōlumus, 5. optāvistis: voluistis, 6. magis optāveram: mālueram, 7. magis optābit: mālet, 8. nōn optat: nōn vult, 9. magis optās: māvīs

**2.** 1. Nōlī dīcere! - Sprich nicht! / 2. Nōlīte vīnum apportāre, servae! - Bringt den Wein nicht herbei, Sklavinnen! / 3. Nōlīte tacēre, līberī! - Schweigt nicht, Kinder! / 4. Nōlī officia neglegere, Marce! - Vernachlässige deine Pflichten nicht, Markus! / 5. Nōlīte Rōmam venīre! - Kommt nicht nach Rom!

**3.** 1. sunt: possunt, 2. sumus: prōsumus, 3. est: potest, 4. prōderit: erit, 5. sum: prōsum, 6. potuerat: fuerat, 7. possem: prōdessem, 8. prōsit: possit, 9. fuerim: potuerim

**4.a.** a. fīō → fit → fīunt → fīant → fīerent → fierētis → fīēbātis → fīētis → fīēmus → fīam → factus, -a, -um sum → factus, -a, -um es → factus, -a, -um erās → factus, -a, -um essēs → factī, -ae, -a essētis → factī, -ae, -a sītis
**4.b. Aktiv:** ferō → fert → ferunt → ferant → ferrent → ferrētis →ferēbātis → ferētis → ferēmus → feram → tulī → tulistī → tulerās → tulissēs →tulissētis → tuleritis; **Passiv:** feror → fertur → feruntur → ferantur → ferrentur → ferrēminī → ferēbāminī → ferēminī → ferēmur → ferar → lātus, -a, -um sum → lātus, -a, -um es → lātus, -a, -um eras → lātus, -a, -um essēs → lātī, -ae, -a essētis → lātī, -ae, -a sītis

**5.**

| **Präsens** | **Imperfekt** | **Futur I** |
|---|---|---|
| possum<br>1. Pers. Sg. | poterat<br>3. Pers. Sg. | potero<br>1. Pers. Sg. |
| potestis<br>2. Pers. Pl. | poteramus<br>1. Pers. Pl. | poteris<br>2. Pers. Sg. |
| possunt<br>3. Pers. Pl. | poteras<br>2. Pers. Sg. | poterint<br>3. Pers. Pl. |
| **Perfekt** | **Plusquamperfekt** | **Futur II** |
| potuistis<br>2. Pers. Pl. | potuerant<br>3. Pers. Pl. | potuero<br>1. Pers. Sg. |
| potui<br>1. Pers. Sg. | potueratis<br>2. Pers. Pl. | potuerint<br>3. Pers. Pl. |
| potuerunt<br>3. Pers. Pl. | potueram<br>1. Pers. Sg. | potuerimus<br>1. Pers. Pl. |

**6.** prosum → prodest → proderit → proderint → profuerunt → profuistis → profueritis → profuerimus → profueramus → profueram → proderam → proderat → prodest → prosunt

**7. Präsens**: eunt, eo, is; Imperfekt: ibam, ibant, ibatis; **Futur I**: ibis, ibimus, ibunt; **Perfekt**: istis, ierunt, iit; **Plusquamperfekt**: ieramus, ieras, ierant; **Schwarze Schafe**: ibi - dort, eam - diese (Akk. Sg. f von is, ea, id)

**8. ad + ire** - herangehen, sich nähern; sich an jem. wenden, bitten; **in + ire** - hineingehen, betreten; beginnen; **inter + ire** - (zwischen + gehen, hat nur übertragene Bedeutung!) umkommen, zugrunde gehen; **ex + ire** - herausgehen, landen, ausrücken

## Das Passiv

### Das Passiv im Präsens, Imperfekt und Futur I

**1.** apportor - gerimur - rapiuntur - mutari - contemnimini - deletur - videris - amamini - audior - quaeri

**2.** 1. salutabimini, 2. moveberis, 3. iudicabuntur, 4. agentur, 5. rapieris, 6. solvetur, 7. puniar, 8. capiemur

**3. Ind. Imperf.-Passiv-Formen:** relinquebaris, vocabamur, ponebatur, conspiciebar, exspectabamini
relinquebaris: 2. Pers. Sg. Ind. Imperf. Passiv, du wurdest verlassen / vocabamur: 1. Pers. Pl. Ind. Imperf. Passiv, wir wurden gerufen / accipientur: 3. Pers. Pl. Fut. I Passiv, sie werden empfangen werden / admittor: 1. Pers. Sg. Ind. Präs. Passiv, ich werde zugelassen / mutaberis: 2. Pers. Sg. Fut. I Passiv, du wirst verändert werden/du wirst dich verändern / ducuntur: 3. Pers. Pl. Ind. Präs. Passiv, sie werden geführt / admovebimini: 2. Pers. Pl. Fut. I Passiv, ihr werdet in die Nähe gebracht werden / ponebatur: 3. Pers. Sg. Ind. Imperf. Passiv, er/sie/es wurde gesetzt / deletur: 3. Pers. Sg. Ind. Präs. Passiv, er/sie/es wird zerstört / conspiciebar: 1. Pers. Sg. Ind. Imperf. Passiv, ich wurde erblickt / exspectabamini: 2. Pers. Pl. Ind. Imperf. Passiv, ihr wurdet erwartet

## Das Passiv im Perfekt, Plusquamperfekt und Futur II

1. iecit: iactus, -a, -um est - er/sie/es wurde geworfen / 2. rexeris: rectus, -a, -um eris - du wirst gelenkt werden / 3. duxero: ductus, -a, -um ero - ich werde geführt werden / 4. misisti: missus, -a, -um es - du bist geschickt worden / 5. tetigeram: tactus, -a, -um eram - ich war berührt worden / 6. egerunt: acti, -ae, -a sunt - sie wurden durchgeführt / 7. clamaveratis: clamati, -ae, -a eratis - ihr wart gerufen worden / 8. defenderant: defensi, -ae, -a erant - sie waren verteidigt worden / 9. petiveritis: petiti, -ae, -a eritis - ihr werden gebeten werden / 10. interfecisse: interfectum (-am, -um, -os, -as, -a) esse - getötet worden sein

## Der Konjunktiv

**1.** 1. occupāmur: occupēmur, 2. ibant: īrent, 3. rapiēbat: raperet, 4. apportāvit: apportāverit, 5. dederam: dedissem, 6. vēnistī: vēneris

**2.** esses: 2. Pers. Sg. Konj. Imperf. Akt., esse - sein / eant: 3. Pers. Pl. Konj. Präs. Akt., ire - gehen / clamemus: 1. Pers. Pl. Konj. Präs. Akt., clamare - rufen / aperiant: 3. Pers. Pl. Konj. Präs. Akt., aperire - öffnen / committeretis: 2. Pers. Pl. Konj. Imperf. Akt., committere - zusammenbringen / diceres: 2. Pers. Sg. Konj. Imperf. Akt., dicere - sprechen / nolis: 2. Pers. Sg. Konj. Präs. Akt., nolle - nicht wollen / ponat: 3. Pers. Sg. Konj. Präs. Akt., ponere - legen /haberem: 1. Pers. Sg. Konj. Imperf. Akt., habere - haben /iremus: 1. Pers. Pl. Konj. Imperf. Akt., ire - gehen

**3.** 1. amatur: ametur - 2. parabat: pararet - 3. erant: essent - 4. non vis: nolis - 5. terremini: terreamini - 6. raperis: rapiaris - 7. dormiebam: dormirem - 8. faciebantur: facerentur - 9. it: eat - 10. es: sis

**4.** 1. laniare: laniavisset - 2. visere: visi, -ae, -a essemus - 3. mirari: miratus, -a, -um sis - 4. redire: redierim - 5. scribere: scriptus, -a, -um esset - 6. laetari: laetati, -ae, -a sitis - 7. velle: voluerit

**5.** 1. narravissem: Irrealis der Vergangenheit - Das hätte ich ihnen nicht erzählt. / 2. scripseris: Prohibitiv - Schreibe nichts! / 3. exspectemus: Hortativ - Lasst uns nicht auf ihn warten! 4. valerem: Irrealis der Gegenwart - Ohne dich ginge es mir nicht gut. / 5. dicant: Iussiv - Sie sollen alles sagen! / 6. veneritis: Prohibitiv - Kommt nicht zu den Spielen!

**6.** 1. Konj. Imperf. = Irr. d. Ggw.: Das Leben wäre elendig, wenn es ohne Freunde geführt würde/wenn man keine Freunde hätte. / 2. Ind. Präs. = Realis: Wenn du geliebt werden willst, liebe! / 3. Konj. Präs. = Pot.: Wenn einer behaupten würde, dieser Weg sei nicht hart, dürfte er wohl lügen. / 4. Konj. Plusquamperf. = Irr. d. Verg.: Wenn der Gladiator nicht so tapfer gekämpft hätte, hätte er nicht gesiegt. / 5. Konj. Imperf. = Irr. d. Ggw.: Die Weisheit würde nicht angestrebt werden/Niemand würde nach Weisheit streben, wenn sie nichts bewirken würde.

**7.** 1. Quis est, qui hoc non intellegat? - konsekutiv: Wo gibt es einen, der das nicht versteht? / 2. Caesar milites reliquit, qui praesidio navibus essent. - final: Caesar ließ Soldaten zurück, die die Schiffe schützen sollten. / 3. Marcus gladiatorum illum admiratus est, qui maxima virtute pugnaret. - kausal: Markus bewunderte jenen berühmten Gladiator, da er/der ja mit größter Tapferkeit kämpfte. / 4. Nulla fuit civitas, quin Caesari pareret. - konsekutiv: Es gab keine Gemeinde, die Caesar nicht gehorchte. / 5. Romani memoriam virorum illustrium colunt, quos numquam viderint. - konzessiv: Die Römer pflegen die Erinnerung an berühmte Männer, die sie doch/obwohl sie sie niemals gesehen haben.

## Gerundium und Gerundivum

**1.** 1. ars amandi - Kunst zu lieben/des Liebens, 2. occasio fugiendi - Fluchtgelegenheit/Gelegenheit zu fliehen/zur Flucht, 3. spes vincendi - Hoffnung zu siegen/auf Sieg, 4. studium scribendi - Beschäftigung mit dem Schreiben/Lust zu schreiben, 5. facultas rem perficiendi - Möglichkeit der Durchführung der Sache/die Sache durchzuführen

**2.** 1. Als/Da die Feinde mit der Überschreitung nicht begannen (wörtl. nicht den Anfang des Fluss-Überschreitens machten), führte Caesar seine Leute zum Lager zurück. / 2. Was ist unpassender als über das Reden zu reden? / 3. Die Griechen haben die Gelegenheit, Troja zu erobern. / 4. Der Sklave fasste den Plan, in der Nacht zu fliehen.

**3.** 1. spatium consilii habendi - mit Inf.: Zeit sich zu beraten/mit präpos. Ausdruck: Zeit zur Abhaltung einer Beratung / 2. occasio armorum capiendorum - Gelegenheit, die Waffen zu ergreifen / 3. ad libertatem servandam - zur Rettung der Freiheit / 4. in bello gerendo - bei der Kriegsführung

**4.** 1. Gerundiv: Ihr brennt darauf, die Freiheit wiederzuerlangen. 2. Gerundium: Der Feldherr sieht die Soldaten äußerst bereit zum Kampf. 3. Gerundiv: Die Grausamkeit/Härte keiner Strafe ist abzulehnen.

## AcI und NcI

**1.** 1. Romulus et Remus se urbem novam condituros esse (NZ) dixerunt. - Romulus und Remus sagten, dass sie eine neue Stadt gründen werden. / 2. Seneca Lucilium epistulam scripsisse (VZ) gaudet. - Seneca freut sich, dass Lucilius einen Brief geschrieben hat. 3. Aeneas ex urbe cum suis fugere voluit, quia Graecos Troianos victuros (erg. esse) (NZ) putavit. - Aeneas wollte mit den Seinen aus der Stadt fliehen, weil er glaubte, dass die Griechen die Troianer besiegen würden. 4. Socrates se nihil scire (GZ) dixit. - Sokrates sagte, dass er nichts wisse./ 5. Romani orbem terrarum a se superatum iri (NZ) crediderunt. - Die Römer glaubten, dass der Erdkreis von ihnen besiegt werde. / 6. Constat gladiatores in circo cum bestiis pugnavisse (VZ). - Es ist bekannt, dass Gladiatoren im Zirkus mit wilden Tieren kämpften.

**2.** 1. Gaius stultus esse putatur. - Man glaubt, dass Gaius dumm ist. / 2. Milites pontem facere iubentur. - Man befiehlt den Soldaten/Die Soldaten erhalten den Befehl, eine Brücke zu bauen. / 3. Homerus caecus fuisse dicitur. - Homer soll blind gewesen sein. / 4. (Ego) iter in Siciliam facere sinor. - Man gestattet, dass ich eine Reise nach Sizilien mache./Mir wird erlaubt, eine Reise ... zu machen.

## Das Partizip

**1.** 1. responsum: respondere - antworten, Akk. Sg. m/Nom./Akk. Sg. n / 2. tracta: trahere - ziehen, schleppen, Nom./Abl. Sg. f/Nom./Akk. Pl. n / 3. acceptis: accipere - annehmen, Dat./Abl. Pl. m/f/n / 4. illuso: illudere - verspotten, Dat./Abl. Sg. m/n / 5. actas: agere - tun, handeln, Akk. Pl. f / 6. conditam: condere - gründen, Akk. Sg. f / 7. scriptae: scribere - schreiben, Gen./Dat. Sg. f/Nom. Pl. f / 8. constituti: constituere - beschließen, Gen. Sg. m/n/Nom. Pl. m

**2.**

| PPP | PFA | Inf. Präs. Akt. | Bedeutung |
|---|---|---|---|
| lusos | lusuros | ludere | spielen |
| auditus | auditurus | audire | hören |
| risorum | risurorum | ridere | lachen |
| rapto | rapturo | rapere | rauben |
| pugnatos | pugnaturos | pugnare | kämpfen |
| optatis | optaturis | optare | wünschen |
| monita | monitura | monere | ermahnen |

**3.** videnti: Dat. Sg. m/f/n, videre - sehen / superantium: Gen. Pl. m/f/n, superare - besiegen, übertreffen / volentes: Nom./Akk. Pl. m/f, velle - wollen / scribentibus: Dat./Abl. Pl. m/f/n, scribere - schreiben / euntem: Akk. Sg. m/f, ire - gehen / recipientia: Nom./Akk. Pl. n, recipere - zurücknehmen / ferens: Nom. Sg. m/f/n, ferre - tragen, bringen / mirantis: Gen. Sg. m/f/n, mirari - bewundern

# Abschlusstest 1. & 2. Lernjahr

**1. a-Konj.:** interrogāre, interrogō; dare, dō; nāvigāre, nāvigō, / **e-Konj.:** vidēre, videō; rīdēre, rīdeō; gaudēre, gaudeō / **i-Konj.:** aperīre, aperiō; dormīre, dormiō; sentīre, sentiō / **kons. Konj.:** currere, currō; dīcere, dīcō; dūcere, dūcō / **gem. Konj.:** rapere, rapiō; capere, capiō; fugere, fugiō

**2.** 1. e-Konj. → dele-, 2. a-Konj. → delecta-, 3. i-Konj. →vinci-, 4. kons. Konj. → pet-, 5. kons. Konj. → reg-, 6. a-Konj. →clama-, 7. i-Konj. →aperi-, 8. gem. Konj. →capi- 9., e-Konj. →mane-, 10. gem. Konj. →cupi-

**3.**

| **a-Konjugation** | **Singular** | **Plural** |
|---|---|---|
| **1. Person** | amo | amamus |
| **2. Person** | amas | amatis |
| **3. Person** | amat | amant |

| **e-Konjugation** | **Singular** | **Plural** |
|---|---|---|
| **1. Person** | gaudeo | gaudemus |
| **2. Person** | gaudes | gaudetis |
| **3. Person** | gaudet | gaudent |

| **i-Konjugation** | **Singular** | **Plural** |
|---|---|---|
| **1. Person** | venio | venimus |
| **2. Person** | venis | venitis |
| **3. Person** | venit | veniunt |

(3. Pers. Pl.: Bindevokal -u-)

| **kons. Konjugation** | **Singular** | **Plural** |
|---|---|---|
| 1. Person | lego | legimus |
| 2. Person | legis | legitis |
| 3. Person | legit | legunt |

(Bindevokal -i-, außer 3. Pers. Pl.: -u-)

| **gem. Konjugation** | **Singular** | **Plural** |
|---|---|---|
| **1. Person** | rapio | rapimus |
| **2. Person** | rapis | rapitis |
| **3. Person** | rapit | rapiunt |

(3. Pers. Pl.: Bindevokal -u-)

**4.** 1. Cicerō saepe in forō ōrātiōnēs **habēbat**. (- Cicero hielt oft auf dem Forum Reden). / 2. Rōmānī deōs sacrificiīs **plācābant**. (- Die Römer besänftigten die Götter durch Opfer.) / 3. Mīlitēs diū cum Gallīs **pūgnābant**. (- Die Soldaten kämpften lange mit den Galliern.)

**5.** probant: 3. Pers. Pl. Ind. Präs. Akt / vocas: 2. Pers. Sg. Ind. Präs. Akt. / servam: Akk. Sg. f / togam: Akk. Sg. f / paratis: 2. Pers. Pl. Ind. Präs. Akt.

**6.** 1. rīdēbam, 2. legēbās, 3. ōrābātis, 4. cadēbat, 5. rapiēbāmus, 6. dormiēbant, 7. labōrābās, 8. lūdēbam

**7.** 1. adiuvabamus, 2. aperiebant, 3. ducebat, 4. iaciebam, 5. portabatis, 6. respondebas

**8.** 1. Servae Cornelium inveniebant. - Die Sklavinnen versuchten Cornelius zu finden. / 2. Etiam mater Cornelium diu quaerebat. - Auch die Mutter suchte Cornelius lange Zeit. / 3. Etiam Claudia fratrem iterum iterumque clamabat. - Auch Claudia rief ihren Bruder immer wieder. / 4. Cornelius autem in horto erat et dormiebat. - Cornelius jedoch war im Garten und schlief. / 5. Neque servas neque matrem neque sororem audiebat. - Er hörte weder die Sklavinnen noch seine Mutter noch seine Schwester.

**9. v-Perfekt:** pūgnāvērunt, audīvit, parāvērunt / **u-Perfekt:** studuistis, aperuistī, docuī / **s-Perfekt:** dīxērunt, mīsistis, rīsit / **Reduplikationsperfekt:** cucurrimus, dedī, tetigērunt / **Dehnungsperfekt:** fūgimus, cēpistī, vīdī / **Stammperfekt:** respondit, reprehendī, dēfendistis

**10. studuistis**: 2. Pers. Pl. Ind. Perf. Akt., studēre; **pūgnāvērunt**: 3. Pers. Pl. Ind. Perf. Akt., pūgnāre; **respondit**: 3. Pers. Sg. Ind. Perf. Akt., respondēre; **fūgimus**: 1. Pers. Pl. Ind. Perf. Akt., fugere; **dīxērunt**: 3. Pers. Pl. Ind. Perf. Akt., dīcere; **aperuristī**: 2. Pers. Sg. Ind. Perf. Akt., aperīre; **cucurrimus**: 1. Pers. Pl. Ind. Perf. Akt., currere; **reprehendī**: 1. Pers. Sg. Ind. Perf. Akt., reprehendere; **cēpistī**: 2. Pers. Sg. Ind. Perf. Akt., capere; dedī: 1. Pers. Sg. Ind. Perf. Akt., dare; **mīsistis**: 2. Pers. Pl. Ind. Perf. Akt., mittere; **vīdī**: 1. Pers. Sg. Ind. Perf. Akt., vidēre; **audīvit**: 3. Pers. Sg. Ind. Perf. Akt., audīre; **docuī**: 1. Pers. Sg. Ind. Perf. Akt., docēre; **rīsit**: 3. Pers. Sg. Ind. Perf. Akt., rīdēre; **parāvērunt**: 3. Pers. Pl. Ind. Perf. Akt., parāre; **tetigērunt**: 3. Pers. Pl. Ind. Perf. Akt., tangere; **dēfendistis**: 2. Pers. Pl. Ind. Perf. Akt., dēfendere

**11.** 1. dēlētus/-a/-um est, 2. scrīpsērunt, 3. affectī/-ae/-a sumus, 4. dedistis, 5. fuī, 6. prōfuit, 7. nōluistī, 8. monuit, 9. interfectus/-a/-um est, 10. animadvertistī, 11. iērunt

**12.** amāveram, iēcerās, frēgerat, vēnerāmus, fēcerātis, reddiderant

**13. Plusquamperfekt** ist: vēnerat, potuerātis, intrāverās, vīderāmus, fueram, habuerat / Die **anderen Formen** sind:
**lēgērunt**: 3. Pers. Pl. Ind. Perf. Akt.; **dūxit**: 3. Pers. Sg. Ind. Perf. Akt.; **aberam**: 1. Pers. Sg. Ind. Imperf. Akt.; **erāmus**: 1. Pers. Pl. Ind. Imperf. Akt.; **rēxerit**: 3. Pers. Sg. Futur II Akt./ Konj. Perf. Akt.; **audīvistis**: 2. Pers. Pl. Ind. Perf. Akt.

**14. a-Konj.:** clamābō, clamābis, clamābit, clamābimus, clamābitis, clamābunt, **e-Konj.:** monēbō, monēbis, monēbit, monēbimus, monēbitis, monēbunt, **i-Konj.:** audiam, audiēs, audiet, audiēmus, audiētis, audient, **kons. Konj.:** regam, regēs, reget, regēmus, regētis, regent, **gem. Konj.:** capiam, capiēs, capiet, capiēmus, capiētis, capient

**15. Präsens Indikativ:** eunt, eō, īs / **Konjunktiv:** eam, eant / **Imperfekt Indikativ:** ībam, ībant, ībātis / **Konjunktiv:** īrēmus / **Futur I:** ībis, ībimus, ībunt / **Perfekt Indikativ:** īstis, iērunt, iit / **Konjunktiv:** ierit, ierim / **Plusquamperfekt Indikativ:** ierāmus, ierās, ierant / **Konjunktiv:** īssem, īssētis / **Futur II:** ierit, ierō / Doppeldeutig ist ierit →Futur II oder Konj. Perfekt.

**16.** 1. apportor, 2. gerimur, 3. rapiuntur, 4. mutāris, 5. contemniminī, 6. delētur, 7. vidēris, 8. amāminī, 9. audior, 10. quaeruntur

**17.** 1. Discipuli (S) non studere, sed clamare (Inf. = O) incipiunt (P). / 2. Non decet (P) timere (S). / 3. Mater (S) filium domum (Adv.) iam (Adv.) venisse (AcI = O) gaudet (P). / 4. Matrem (O) adiuvare (S) necesse est (P). / 5. Servas omnes in hortum (Adv.) properavisse (AcI = O) scimus (P).

# Abschlusstest 3. & 4. Lernjahr

**1.** vocabunt, sentiam, videbis, rapiet, frangemus, erunt

**2. Futur I:** dīcēmus, veniam, exercēbō, legent, currēs / **Futur II:** fēceris, dīxerō, studuerimus, cesserit

**3.** 1. Es entsteht riesiges Geschrei. / 2. Der Angriff wurde von den Soldaten gemacht. / 3. Den Feinden wird die Hoffnung auf Rettung genommen. / 4. Nero soll in Rom Feuer an die Häuser gelegt haben.

**4. 1.** Quaesivisti, venturusne essem. – Du fragtest, ob ich kommen würde. / 2. Mihi non est dubium, quin legiones venturae sint. – Ich habe keinen Zweifel, dass die Legionen kommen werden. / 3. Marcus interrogavit, cur amici se non adiuturi essent. – Markus fragte, warum die Freunde ihm nicht helfen würden. / 4. Ulixes non dubitat, quin Troia brevi peritura sit. – Odysseus zweifelt nicht, dass Troja in Kürze untergehen werde.

**5.** 1. Hannibal hasst die Römer und wird von ihnen gehasst. / 2. Seneca pflegte Briefe zu schreiben. / 3. Die Soldaten erinnerten sich an den Krieg und die Gefahren. / 4. Beleidigt zu werden werde ich mehr als alle anderen Übel hassen.

**6.** Die richtigen Formen lauten:
1. Cōnsulēs cīvibus prōvident. – Die Konsuln sorgen für die Bürger (vor). / 2. Mīlitēs etiam pericula mortis nōn timent. – Die Soldaten fürchten nicht einmal Todesgefahren. / 3. Rōmānī deōs immortālēs hominibus cōnsulere putavērunt. – Die Römer glaubten, dass die unsterblichen Götter für die Menschen sorgten. / 4. Aenēās, quī rēs futūrās prōvidēre cupīvit, ōraculum cōnsuluit. – Aeneas, der die Zukunft vorauszusehen wünschte, befragte ein Orakel.

**7.** Af, Bd, Cb, Da, Fc, Fe

**8.** 1. Epistula ā Marcō scrībitur. – Der Brief wird von Markus geschrieben. / 2. Ōrātiō in Catilīnam ā Cicerōne habētur. – Die Rede gegen Catilina wird von Cicero gehalten. / 3. Fābulae līberīs semper ab avō narrābantur. – Den Kindern wurden vom Großvater immer Geschichten erzählt.

**9. habeat**: 3. Pers. Sg. Konj. Präs. Akt.; **clamēmus**: 1. Pers. Pl. Konj. Präs. Akt.; **committerētis**: 2. Pers. Pl. Konj. Imperf. Akt.; **dīcerēs**: 2. Pers. Sg. Konj. Imperf. Akt.; **aperiant**: 3. Pers. Pl. Konj. Präs. Akt.; **habērem**: 1. Pers. Sg. Konj. Imperf. Akt.; **invideāmus**: 1. Pers. Pl. Konj. Präs. Akt.

**10.** 1. Hoc eīs nōn narrāvissem. – Das hätte ich ihnen nicht erzählt. / 2. Nihil scrīpseris! – Schreibe nichts! / 3. Amīcum exspectēmus! – Lasst uns auf den Freund warten! / 4. Sine tē nōn valērem. – Ohne dich ginge es mir nicht gut. / 5. Omnia dīcant! – Sie sollen alles sagen! / 6. Nē ad lūdōs vēneritis! – Kommt nicht zu den Spielen!

**11.** 1. Vulnera sananda (Nom. Pl. n, Gerundiv, Prädikatsnomen) sunt. – Die Wunden müssen geheilt werden. / 2. Aliis miserandus (Nom Sg. m, Gerundivum, Prädikativ), aliis irridendus (Nom Sg. m, Gerundivum, Prädikativ) videtur. – Den einen scheint er bemitleidenswert, den anderen lächerlich. / 3. Libri Ciceronis ad legendi (Gen. Sg. n,

Gerundium) studium excitant. - Ciceros Bücher regen zur Beschäftigung mit dem Lesen an. / 4. Romanis spes potiendorum (Gen. Pl. n, Gerundiv, Attribut) castrorum erat. - Die Römer hatten die Hoffnung, sich des Lagers zu bemächtigen. / 5. Caesar pontem faciendum (Akk. Sg. m, Gerundiv, Attribut) curavit. - Caesar ließ eine Brücke bauen. / 6. Sumamus spatium ad cogitandum (Akk. Sg. n, Ge-rundium)! - Nehmen wir uns die Zeit zum Nachdenken!

**12.** Ae. Die Soldaten sind getötet worden/wurden getötet. (Perf.) / Ba. Die Gesetze waren von den Bürgern verletzt worden. (Plusquamperf.) / Cd. Die Zeiten haben sich geändert. (Perf.) / Df. Helena war von Paris geraubt worden. (Plusquamperf.) / Ec. Ihr werdet vom Lehrer ermahnt worden sein. (Futur II) / Fb. Die Stadt ist eingenommen worden/wurde eingenommen. (Perfekt)

Übungen

Abschlusstests

Lösungen

# Alphabetische Verbliste

# Alphabetische Verbliste

Die Zahl hinter dem Verb bezeichnet die Nummer, unter der es im Verzeichnis „Stammformen wichtiger Verben“ (S. 113 bis 132) zu finden ist.
Die Buchstaben weisen auf die zugehörigen Konjugationstabellen hin. Dabei bedeutet:

aK = a-Konjugation (amāre)
aD = Deponens der a-Konjugation (hortārī)
eK = e-Konjugation (monēre)
eD = Deponens der e-Konjugation (verērī)
iK = i-Konjugation (audīre)
iD = Deponens der i-Konjugation (largīrī)
kK = konsonantische Konjugation (regere)
kD = Deponens der konsonantischen Konjugation (sequī)
gK = gemischte Konjugation (capere)
gD = Deponens der gemischten Konjugation (patī)
uV = unregelmäßiges Verb
SD = Semideponens der entsprechenden Konjugation
dV = defektives Verb

Bei den Komposita der unregelmäßigen Verben steht das als Beispielverb für die Konjugation dienende Simplex.

Die Beispielverben sind in der alphabetischen Verbliste durch rot hervorgehoben.
Eine Zahl ohne Konjugationsangabe weist auf ein unpersönliches Verb hin.

**A**

abdere … 464 kK
abdūcere … 340 kK
abesse … 694 uV esse
abhorrēre … 121 eK
abicere … 669 gK
abīre … 717 uV īre
abluere … 575 kK
abolēre … 85 eK
absolvere … 579 kK
abstergēre … 149 eK
abstinēre … 107 eK
abstrahere … 352 kK
abūtī … 604 kD
accēdere … 398 kK
accendere … 532 kK
accidere … 444 kK
accidere … 738
accipere … 645 gK
accumbere … 303 kK
accurrere … 453 kK
accusāre … 1 aK
acquīrere … 256 kK
acuere … 555 kK
(ad)iuvāre … 32 aK
(ad)mirārī … 55 aD
(ad/co)hortārī … 48 aD
adaequāre … 2 aK
addere … 465 kK
addūcere … 341 kK
adesse … 695 uV esse
adhibēre … 91 eK
adicere … 670 gK
adimere … 500 kK
adipīscī … 612 kD
adīre … 718 uV īre
admittere … 388 kK
admonēre … 97 eK
admovēre … 165 eK
adolēscere … 277 kK
adorīrī … 236 iD
advenīre … 220 iK
aemulārī … 35 aD
afferre … 704 uV ferre
afficere … 659 gK
afflīgere … 357 kK
agere … 491 kK
aggredī … 689 gD
āgnōscere … 274 kK
āiō (āis, āit, āiunt) 733 dV
alere … 293 kK
algēre … 150 eK
allicere … 631 gK
alloquī … 591 kD
amāre … 3 aK
amicīre … 213 iK
āmittere … 389 kK
amplectī … 606 kD
animadvertere … 547 kK
aperīre … 199 iK
appārēre … 127 eK
appārēre … 739
appellere … 472 kK
appetere … 260 kK
arbitrārī … 36 aD
arcēre … 86 eK
arcessere … 264 kK
ārdēre … 137 eK
arguere … 572 kK

haurīre 207 iK
horrēre 120 eK
hortārī 48 aD

**I**

iacere 668 gK
iacēre 122 eK
īgnōscere 276 kK
illicere 632 gK
illūdere 413 kK
imitārī 49 aD
imminēre 125 eK
impellere 475 kK
impendere 451 kK
impendēre 157 eK
implēre 81 eK
impōnere 290 kK
incēdere 403 kK
incendere 533 kK
incidere 446 kK
incipere 653 gK
inclūdere 408 kK
incolere 296 kK
increpāre 14 aK
incumbere 304 kK
indīcere 336 kK
indigēre 117 eK
indīgnārī 44 aD
indūcere 345 kK
induere 565 kK
inesse 697 uV esse
īnferre 710 uV ferre
ingemīscere 315 kK
ingravēscere 316 kK
ingredī 691 gD
inicere 674 gK
inquīrere 258 kK
inquit 734 dV
īnscrībere 327 kK
īnsculpere 330 kK
īnserere 248 kK
instāre 28 aK
īnstituere 559 kK
instruere 382 kK
intellegere 514 kK
intendere 441 kK
interclūdere 409 kK
interdīcere 337 kK
interesse 698 uV esse
interesse 749
interficere 663 gK
interimere 504 kK
interpretārī 50 aD
interrumpere 523 kK
intuērī 184 eD
invādere 421 kK
invenīre 224 iK
invidēre 174 eK
īrāscī 611 kD
īre 716 uV
irrīdēre 146 eK
irruere 569 kK
irrumpere 524 kK
iubēre 139 eK
iungere 372 kK
iūrāre 6 aK
iuvāre 32 aK
iuvāre 750

**L**

lābī 584 kK
lābī 601 kD
lacessere 266 kK
laedere 411 kK
laetārī 51 aD
lamentārī 52 aD
largīrī 228 iD
latēre 123 eK
laudāre 7 aK
lavāre 33 aK
lavārī 34 aD
legere 508 kK
libēre 751
licēre 752
liquēre 753
loquī 590 kD
lūcēre 152 eK
lūdere 412 kK
luere 574 kK
lūgēre 153 eK

**M**

mālle 729 uV
manēre 140 eK
mātūrēscere 317 kK
mederī 188 eD
meminisse 731 dV
mentīrī 229 iD
merēre 95 eK
merērī 179 eD
mergere 425 kK
mētīrī 239 iD
metuere 561 kK
micāre 16 aK
minārī 53 aD
minitārī 54 aD
minuere 556 kK
mirārī 55 aD
miscēre 105 eK
miserārī 56 aD
miserēre 754
miserērī 180 eD
mittere 387 kK
mōlīrī 230 iD
mollīre 195 iK
monēre 96 eK
mōnstrāre 8 aK
morārī 57 aD
mordēre 155 eK
morī 685 gD
movēre 164 eK
mulcēre 143 eK

**N**

nancīscī 609 kD
nāscī 608 kD
neglegere 515 kK
nītī 605 kD
nocēre 98 eK
nōlle 728 uV
nōscere 273 kK
nūbere 323 kK

**O**

obicere 675 gK
obīre 721 uV īre
oblīvīscī 616 kD
obruere 570 kK
obsequī 597 kD
obsidēre 171 eK
obsīdere 530 kK
obstāre 29 aK
obtestārī 73 aD
obtinēre 109 eK
occidere 447 kK
occīdere 449 kK
occupāre 10 aK
occurrere 456 kK
ōdisse 732 dV
offendere 535 kK